子育ても、キャリア育ても

ウィズ／ポストコロナ時代の家族のかたち

大谷順子[編著]

九州大学出版会

まえがき

　超少子高齢化がすすむ日本では、「2015～2016年の妊産婦の死因の第1位が自殺となった」と2017年に報告され、引き続き、2016～2017年の統計データも同様の結果であることを2018年9月に国立成育医療研究センターが発表したのを受けて、この結果をいろいろなメディアが警告的に取り上げた。その後も、国立成育医療研究センターの調査（2020年11～12月）では、0～5歳児の保護者の約30%に、中等以上のうつ症状の可能性がみられたと報告されている。その研究を行った立花良之医師は、子育てで子どもと一緒に過ごす時間は「量より質」が大事であると、親たちに思い詰めないように語りかけている。より多くの時間を子どもと過ごすことを勧め、親（とくに母親）が子どもを預けて働くことへの罪悪感を煽る「3歳児神話」には科学的根拠がない。

　日本では「少子化に歯止めをかけるために子どもを産みましょう」と言われ、「経済停滞を打破するために女性の輝く社会を作るべく、女性も働きましょう」と言われ、現代日本の女性は多くを期待されている。出産・育児とキャリアは両立できることなのか、両立するためにはどのような準備が必要なのか。また、どのような社会になっていかないといけないのか。子育ての負担は、個人が負うべきものなのか。大阪大学全学教育機構においてさまざまな学部の1年生を対象に開講してきた「共生学の話題」では、筆者が教員に転身するまえの国際機関で働いていた時のもともとの専門分野である、国際保健学・母子保健学の専門を扱いながら、それらの課題を身近な例からとりあげ、若い世代を担う学生たちが、これからキャリアと次世代育成の両方を見据えて、どのように人生設計に取り組んでいくかを考える機会としようと試みてきた。

　この講義は、2018年度より開講しているが、文・人科・法・経・工・基礎工・理・医・薬・外と全学から学生が履修している。履修生は女子ばかりになるのではという予想に反して、半分は男子学生である。自分のキャリアだけでなく、パートナーのキャリアも大切にしながら、ワーク・ライフ・バランスを考える機会となっている。開講初年度は、筆者がまだ1歳になってい

ない娘を同伴したり、海外から受け入れていた研究者らも幼児を連れておられたので、幼い子どもたちも参加することが多く、この機会にはじめて赤ちゃんを抱っこさせてもらう、という履修生たちも少なくなかった。また、授業に赤ちゃんがいることについては、「はじめてだったが、意外に気にならない、邪魔にもならないことがわかった」「工学部でも女性教員が赤ちゃん連れで授業をされていたのではじめてではない。普通なのかと思った」と学生のリアクションペーパーには書かれていた。娘は、はじめは抽選漏れしたが、空きが出たので、遅れて緑豊かなキャンパスにある学内保育園に入園することができるようになった。筆者は保護者会会長を務めることとなり、子育て中の研究者ネットワークが広くできることになった。2020年度以降は、コロナ禍のため、遠隔講義が中心となり、赤ちゃんを見たこと・触ったことがないという学生さんに、本物の赤ちゃんと触れ合う機会を提供することができなくなった。

　筆者は、1995年より十年近くに及んで、留学の後、世界銀行や世界保健機関（WHO）などの国際機関の職員として長年の海外生活を経て、大学教員となった。帰国後も大阪大学で2014〜2017年東アジアセンター長（上海拠点）、2021年より人科国際交流室長など、高齢で授かった子どもの育児をしながら、国際的な研究と教育に従事している。本講義では、海外留学、就業と子育てとの両立に苦戦してきた女性・男性研究者やプロフェッショナルをゲストスピーカーとして迎えている。本書の企画にあたっては、分担章執筆をお願いした。それぞれが、パートナーとともに国際的にも豊富な経験とキャリアを積みながら、子育てに奮闘してきた方々である。国際的に重要なテーマを、日本の事例も取り上げて比較し、身近な問題として考える材料とする。この豪華なゲストスピーカーたちの貴重なお話をきちんと残しておきたい、履修生はもとより履修できなかった学生たちにも伝えたいという思いもあり、本書の企画を考えるにいたった。研究者である執筆者らが、自分のジェンダーや、結婚・妊娠・出産といったライフイベントについてどう迷い、選択し、行動して生きてきているのか、あるいは、どう子育てに臨んできているのか、次世代へのメッセージを多く含む、いわゆる「ロールモデル集」でもある。1名以外は、女性研究者らであるということも特徴であり、そのぶ

ん、ライフイベントとそれぞれのライフサイクルにおける 1 名の男性研究者
の視点は興味深い。

　本講義では何人もの先生が、近年、よく使われるようになった「平等
（Equality）」と「公平・公正（Equity）」の違いを説明するイラストを見せた
（図 1）。背の高い人にも、低い人にも同じ高さの踏み台を用意するという一
律で同じ扱いをするのが「平等」で、試合を見るという目的達成のために障
害となっている壁を超えられるよう、ひとりひとりの状態に合わせて違う高
さの踏み台を用意するのが「公平・公正」である。図には示されていないが、
壁を取り払いネットにしてしまえば、構造的バリアが除かれ、皆に見えるよ
うになるという解決法も提唱されている。近年、「DE ＆ I（ダイバーシティ、
エクイティ＆インクルージョン）」を掲げる企業が増えているが、大学におい
てもそのような部署が設置されている。

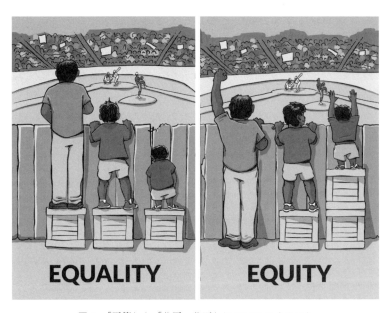

図 1　「平等」と「公平・公正」についてのイラスト

　　左：個人の違いは考えず、全員に「平等」なものが提供されている
　　右：個人の違いを考慮し、それぞれに「公平・公正」な機会が提供されている
　　出典：Interaction Institute for Social Change　　Artist: Angus Maguire

　長く続く新型コロナ感染症のパンデミックの影響は、女性たちに、母親たちに子どもたちに、いろいろな人に、いろいろな影響を及ぼしている。個々に応じた支援を考えるときにこの DE ＆ I の概念を用いることができる。

　本書には、伝統的な家族における役割分担、女性への責任が大きく捉えられる日本の道徳観や社会通念のなかで、結婚、出産、育児、あるいは障害を抱えた子どもの親の環境や課題、そしてその解決への道筋を含んでいる。SDGs、ジェンダー平等、ジェンダーイノベーション等の概念が広まりつつある我が国の社会環境にあって、本書が刊行され、広く世代を超えて啓発がなされ、課題解決への認識が高まることを期待したい。こうした活動を通して、多くの人が安心に安全に、そして性別や様々な属性で判断されるのではなく、個性を大切にしながらその可能性や能力を活き活きと発揮できる社会にむけた取り組みに繋がることを切に願う。

　本書に執筆してくださった女性研究者らは、男性の同僚たちより相対的に多くの役割を担い、それぞれの事情を乗り越え研究と教育に取り組んでいる。本書は孤育て（子育て）に焦点をあてることから始まったが、不妊治療や介護といったライフイベントに臨む研究者も今後確実に増えるだろう。独身研究者も含め、さまざまな立場の「生きやすさ」を具体例から考え、これからを生きる若い世代の女性と男性の研究者らが活躍できるような組織や社会に変えていくためのヒントを本書から学び取ってもらうことができれば、また、自分で考えどのような選択をしようとも、それぞれの悩みのときに、励ましとなるメッセージを残すことができれば幸いである。

　2017（平成29）から2023（令和5）年度大阪大学国際共同研究促進プログラム（タイプB）「仕事ストレスに対する政策研究の国際比較研究」（代表：大谷順子）および2017（平成29）から2021（令和3）年度公益財団法人野村財団「女性が輝く社会の実現」をテーマにした研究助成（代表：大谷順子）を受けました。どちらも筆者の妊娠出産前に採択となり、出産を経て、今度はコロナ禍が始まり、当初の予想を超える長期化と、計画を何度も変更せざるを得ない中で、特例として延長承認のご高配をいただき感謝申し上げます。

　本書校正の最終作業をしていた2023年1月19日に、第1章の「はじめに」で取り上げたニュージーランドの第40代首相ジャシンダ・アーダーン氏が、「国を率いるために必要な「余力が底をついた」」として、「2月7日までに辞任する」ことを表明した。労働党党首候補者がヒプキンス氏ひとりだったので、1月25日に首相職を交代した。ニュージーランドでは、子どもが5歳になった翌日から小学校に通学することができる。それに寄り添えることを楽しみにしている、また長く支えてくれたパートナーと結婚するという言葉で辞任スピーチは締めくくられた。就任から5年半、多くの犠牲を払ってきた家族生活でもあった。人生の中で、子育てとキャリアの両方を全力で走り続けるのではなく、人生のそれぞれの段階で、どちらかを全力、どちらかをスローダウンするというバランスを取りながら選択をする例でもあると言えよう。選択の余地がある社会の実現を目指すことが必要である。

　アーダーン氏（在任2017年10月〜2023年1月）は、女性としては歴代3人目のニュージーランド首相であった。彼女は、2022年5月22日にアメリカのハーバード大学の卒業式に呼ばれたときに、在任中に出産をした女性首脳はパキスタンで初の女性首相となったベーナズィール・ブットー氏（1990年に女児を出産）に次いで自分が2人目であることを述べた。ブットー氏の例からは30年近く後であること、また偶然、自分の娘とブットー氏の誕生日が同じであることなどにふれ、1989年6月10日に同じハーバード大学卒業式の場で、そのブットー氏が行ったスピーチの中での言葉を引用しながら、民主主義を守ることの難しさと尊さについて語った。

　地震や戦争などの災害が続く現代で、次の世代が生きていく世界が、平和と繁栄に満ちたものとなることを祈りつつ。

大谷順子

大阪大学吹田キャンパス「緑を学園に」

2023年2月

目　次

第 1 部

授かる

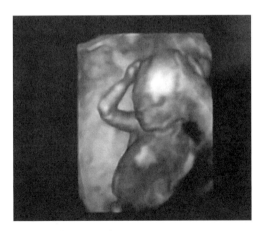

17 週胎児（130 グラム）の３D 画像
あくびをしているようす、耳の裏を掻いている動きなども
見える。技術の進歩により、胎内に命が息づいていること
をよりリアルに感じられるようになった。

第1章　人口学からみる少子高齢化社会と共生

大谷順子

はじめに

　2019（令和元）年9月19日、ニュージーランドの首相として初来日したジャシンダ・アーダーン第40代首相のインタビューをNHKが「共生」と題して報道し、多様性をうたう彼女のリーダーシップを紹介した。彼女は1980年生まれの39歳（当時）。ラグビーワールドカップ2019開催に合わせての来日であった。

　彼女は、労働党党首を務め、2017年10月26日に、ニュージーランドの政治史150年のなかで最年少の37歳3ヶ月でニュージーランドの第40代首相に就任した。テレビ番組で、「子どもを産むつもりか、自分の子どもを持ちたくはないか」と聞かれ、そのような質問は不適切、と返している。2018年1月には妊娠を発表し、同年6月21日に第一子（女子）を出産する。現役の国家元首として在任中に産休を取ったのは世界でも前例がないと言われている。産後6週間は産休を取得し、その間は、副首相が首相代行を務めた。

　彼女は選挙活動中にはすでに妊娠していたが、それは隠したまま出馬していた。本人は公表前にはどのように受け止められるか不安もあったと明かしているが、国民からも大きな支持を得ている。首相という重責を担うタイミングで、女性として高齢出産ともなるものであった。「タイミング的にしょうがないが子どもをつくってしまった」のではなく、誰しもが幸せな子育てと共生できる「あたりまえ」がそこにあるのだ。どんな立場であろうと、妊娠・出産するということは「普通」のこととも言えるだろう。

　といっても、首相という立場上、仕事と家族生活の両立には並々ならぬ努

力と家族の支援があることは想像に難くない。また、アーダーン首相は、娘がセレブリティのようにメディアに出ることを避け、普通の赤ちゃんとしての生活とプライバシーを守るように努力している。

　そもそもニュージーランドは、世界で初めて女性が参政権を得た国であり、女性議員も多い。国会では授乳をしながら出席している女性議員の姿も珍しくない、との映像はさまざまなメディアで報道された。ニュージーランドでの女性首相は彼女が初めてではない。選挙で選ばれた初の女性首相は、第 37 代のヘレン・クラークである。彼女は国連開発計画（UNDP）の初の女性総裁にもなり、国連事務局長にも最終候補の一人となった。その前に、選挙で選ばれたわけではない女性首相として、デニー・ジェイブ・ジップリーがいる。党首の辞任に伴い、首相に就任した。

　アーダーン首相の話にもどると、彼女は 2018 年 8 月 2 日には公務に復帰し、9 月のニューヨークで開催された国連総会には、3 ヶ月の赤ちゃんと、その面倒をみる首相のパートナーが同席した。赤ちゃんは、First Lady ならぬ First Baby と書かれた ID カードを発行されて話題となった。あわせて、ちょうど赤ちゃんのオムツを変えているときに日本の代表団が入室してきた際の驚きの表情が面白かったというパートナーの Twitter もニュースに取り上げられた。

　ほぼ同じ時に長女を出産した筆者にとって、このニュースは衝撃でも励ましでもあった。このニュースに触発され、また、やり取りしていたニュージーランドの女性研究者らに励まされて、2019 年 4 月にニュージーランドで開催された国際学会に参加したが、赤ちゃん連れの研究者は珍しくなかった。女性研究者だけでなく、まだ数ヶ月の赤ちゃんを抱っこひもでつれていた男性座長もいた。仕事をしている人間も子育てをしているのは「あたりまえ」のことであって、切り離してしまうほうがむしろ不自然だというのである。

　アーダーン首相が世界のメディアの注目を浴びたのは、2019 年 3 月 15 日にクライストチャーチにあるイスラム教のモスクで発生し、50 人以上の死者を出した銃乱射事件への対応である。このような事件は、多様な価値観、信仰を背景とする共生の課題を示し、しかし、共生への努力なくしては社会の平和と繁栄は期待できないことも示している。この事件からも「グローバ

ル化が必要とする共生」について考えることができる。

　アーダーン首相は、イスラム教徒の被害者とその家族や友人たちを励ました。「They are us.（彼ら（殺されたムスリム教徒たち）はわたしたち（ニュージーランド国民）です）」という発言を繰り返した。彼女のリーダーシップは、国内から大きな支持を得て、その行動は愛と思いやりに溢れている、と世界からも賞賛を得た。彼女の「多様性」を支持する考え方は、「選択できる社会」の実現を目指しており、さまざまな多様性を持つ人々との「共生」を訴えている。

　「共生」社会とはどのような社会なのか。「共生」を目指すとき、「多様性」を支持することが鍵となってくる。アーダーン首相が、これらの危機において発揮したリーダーシップから勝ち得た信頼は、2020 年、新型コロナパンデミックにおいてもその第 1 波の抑え込みに貢献し、成功例として注目を浴びることになった。

　さきに「あたりまえ」「普通」と書いたが、望んでも子育てとの共生が実現できなかった人が生きづらい社会となってもいけない。英国のテリーザ・メイ前首相が党首、すなわち首相に選ばれるまえの 2016 年 6 月の討論会で、対抗馬の女性立候補者アンドレア・レッドサム・エネルギー担当閣外相（当時）は、「子どものいないテリーザ・メイ内相より母親の自分のほうが首相に適任だ。未来がどうなるか、子どもがいるほうが気にするからだ」と述べ、メイ首相は子どもを産んでいないので子育てのことはわからない、子どもを産み育てた経験のある自分のほうが首相にふさわしい、社会保障のことを論じるにしても適していると主張した。この発言はかえって、英国民の反発を買い、彼女の支持率を大幅に下げ、メイ氏の支持率を上げることになった。

　結局、レッドサム氏は謝罪に追い込まれ、党首選を辞退することになった。筆者はこのイギリス国民の選択に共感を覚えた。この件はメディアからもいろいろな反応があり、インタビュー番組ではメイ首相に「子どもがいないことでどんな影響がありますか？　もし子どもがいるテリーザ・メイだったら、（今のメイ氏とは）違う女性になっていたと思いますか？」などと質問した。

　この「痛みを伴う尋問」にも、メイ首相は、「どうなっていたかを答える

は不可能」と前置きした上で、「私たち夫婦には子どもができないとわかって、悲しかった」と答えた。「でもこの状況にあるのは私たち夫婦だけじゃない」と話し、「くじけずに前に進まなきゃ。甥っ子や姪っ子もいるし」と答えた。なぜ女性政治家ばかりがこのような質問を受けることになるのだろうか。

「子どものいない政治家」としてドイツ首相のアンゲラ・メルケル氏やスコットランド保守党のルース・デイビッドソン氏、そしてメイ氏など、女性政治家ばかりを取り上げる報道もあった。そもそも、「子どもがいない（childless）」という言葉は、子どものいない女性を不完全とみなしているとの主張もある。

「あたりまえ」「普通」とはどういうことか。「子どものいない夫婦」が2023年までに最も一般的な家族形態になる見込みであるとのオーストラリアの国勢調査の結果が発表されている（メルボルン大学の社会学者リア・ルパナー2017）が、この潮流は世界的なもので、特に日本や韓国など少子高齢化の進む多くの国で予測されている。

子どもがいないことは多くの国、特に先進国では「あたりまえ」になりつつある。この章では、子どもをもつことがあたりまえではなくなってきており、そもそも恋愛をしないこと、結婚をしないこと、そして子どもをもたない、あるいは恋愛や結婚をせず子どもをもつことなど人生のかたちが多様化する現代社会において、子どもをもつ・子どもを授かり育てることについて考えていきたい。

1.　子育てと共生

「子育て」とひとことでいっても、それは保健・衛生学（とくに母子保健学）、また、発達心理学、臨床心理学、社会福祉学、あるいは社会学、労働経済学、人類学など様々な分野から考えることができる、そして、考えることが必要な広いテーマである。

本書では、超少子高齢化社会における「孤育て」という切り口を共生の現場として考えてみたい。「孤育て」とは、「子育て」の「子」を同じ音を持つ

「孤」に置き換え、「孤独感」や「孤立した」子育てをする親の状況を強調した言葉である。「（外国人の）パパの国にいるときのほうが、赤ちゃん連れの私にでも優しい。日本では、10 時から 16 時は乳母車を押しながら歩いてもいいが、サラリーマンの邪魔になる時間に公共交通機関の利用はタブーという社会」とは、国際結婚をして、二つの国を行き来しながら赤ちゃんを育てている日本人の母親（筆者の友人）の感じたこと（2018 年 9 月）であるが、これは、今の日本社会をうまく表現していると思われる。親が肩身の狭い思いをして子育てをするのではなく、社会にサポートされているのだという社会への信頼をもって子育てができるような環境でこそ、親の教育力も家庭の教育力も育つ（牧野他 2017:10）のであり、それこそ、共生する社会である。後に述べる「出産・子育ての機会を得て、同じ町に住んでいても、全く違う世界が拡がっている、まったく違う人々に出会うことになる」と筆者が感じたことにもつながる。また、「子育て中は、全くパラレル・ワールドに生きていたわ。同じ町に住んでいながら不思議な感覚だった」（2018 年 6 月）というメルボルン大学の女性教授の言葉もある。職場と子育ての現場という 2 つの異なる世界を行き来しながら二重生活をしていた、というのである。

　日本では、2017 年と 2018 年の妊産婦の死因の第 1 位が自殺となった[1]。産後うつの問題は世界中で見られるが、超少子高齢化がすすむ日本では、子育てに孤立を感じる母親の割合が 7 割に上ると報告されている[2]。産後うつの原因の主なものは複雑な母乳のトラブル、子育ての将来への不安、体力的疲弊、ホルモンバランス、仕事復帰にも完璧を求められることへのストレスなどがある。それらは、超少子高齢化社会では、実際に赤ちゃんや子育てを見た経験がないまま母親になっている戸惑いにも関係すると言われている。2019 年より開講した大阪大学全学共通教育科目でも、「赤ちゃんを抱っこしたことがない」という学生が、女子、男子を問わず、大半となっている。

　その日本では、産むこととともに、「女性の輝く社会」というキャッチコピーのもと女性活躍が推進され、現代日本の女性は多くを期待されている。出産育児とキャリアは両立できるのか。出産育児をする女性も、しない女性も持続可能な共生ができる社会とはどのような社会かという問いについて、本書で考えていきたい。

表 1-1　日本の周産期医療―諸外国との比較

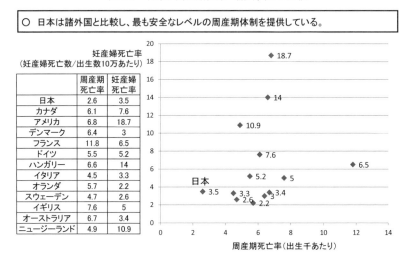

○ 日本は諸外国と比較し、最も安全なレベルの周産期体制を提供している。

妊産婦死亡率
（妊産婦死亡数/出生数10万あたり）

	周産期死亡率	妊産婦死亡率
日本	2.6	3.5
カナダ	6.1	7.6
アメリカ	6.8	18.7
デンマーク	6.4	3
フランス	11.8	6.5
ドイツ	5.5	5.2
ハンガリー	6.6	14
イタリア	4.5	3.3
オランダ	5.7	2.2
スウェーデン	4.7	2.6
イギリス	7.6	5
オーストラリア	6.7	3.4
ニュージーランド	4.9	10.9

周産期死亡率（出生千あたり）

出典：厚生労働省　周産期医療体制の現状について　母子保健の主たる統計　2014

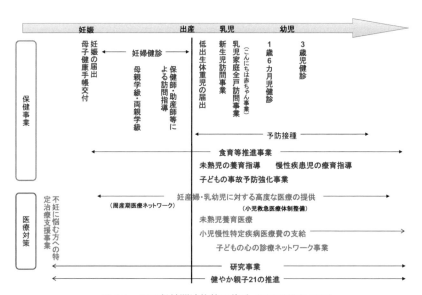

図 1-1　母子保健関連施策の体系（厚生労働省 2015）

　ここでは、人口学・母子保健学の視点からマクロ環境について紹介しておきたい。社会、経済、政策、技術の 4 分野から概観できる。さらには、内閣府の「少子化社会対策大綱」などの大綱や法令とその政策委員らの研究論文などもレビューされたい。ただし、少子化対策と出産育児は大きく関連しながらも、異なることにも注意が必要である。

　母子保健とは、母と子どもの健康の保持および増進を図ることをいう。日本における近代の母子保健政策は政治状況や男性中心の社会通念の影響を受けてきたことは否めない（湯浅 2015）。とはいえ、体系立った一貫したサービスを提供し、乳児死亡率や妊産婦死亡率においては世界に誇れる成果をあげてきた（表 1-1）。

　日本は少子化や子育て不安の増大など新たな課題に直面している（湯浅 2015）。日本の母子保健政策、関連法規、少子化社会対策大綱などを整理することで、国が重要な課題として取り組んできたことがわかる（図 1-1）。一方で、人口学的数値には、その効果がなかなか見えてこない。そこで、次節で見てみよう。

2.　人口学からみる

　少子高齢化について、人口学から、少しデータを提示しておきたい。はじめに、日本の人口ピラミッドについて概観してみよう。図 1-2 に 1965 年、2000 年、2050 年の人口ピラミッドを提示する。

　1965 年は人口ピラミッドという名のとおり、低年齢層人口が多く高年齢層人口が少ないピラミッド型であるが、その後、2000 年のピラミッドは、低年齢層人口が少なく中高年齢層にベビーブーマー世代を示す星型になっていく。戦後の第一次ベビーブームは世界的現象であるが、日本でも堺屋太一の名付けた「団塊の世代」として社会現象、経済的影響も注目される。その子供の世代の第二次ベビーブームとあわせて、星形を呈している。

　その後、第三次ベビーブームが起こることが期待されたが、全く起こらなかった。第三次ベビーブームはなぜ起きなかったのか。なぜ、第二次ベビーブーマーたちは子どもを持たなかったのか。それは個人個人の選択だけでな

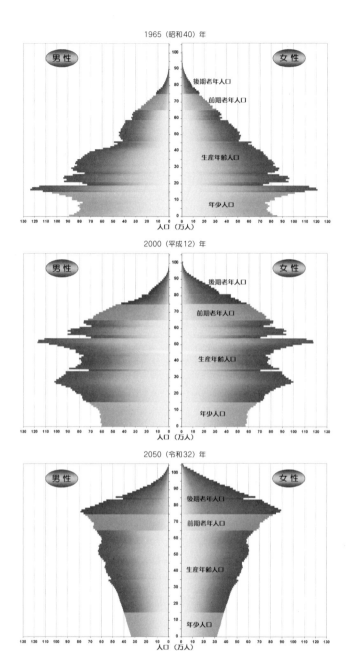

図1-2　人口ピラミッドの変化

注： 縦軸は年齢、横軸は人口。

出典：「人口ピラミッド画像（1965〜2065年）」（国立社会保障・人口問題研究所）（https://www.ipss.
　　　go.jp/site-ad/TopPageData/PopPyramid2017_J.html）（2023年1月13日アクセス）

く、時代的な社会制度背景に原因があると考えられる。その後、2050 年の予測モデルを見ると、もはや全くピラミッドの面影がない。これは、低年齢層人口が少なく高年齢層人口が多い棺桶型と言われるパターンを呈している。

次に、日本の総人口と高齢化率を示すグラフを示す（図 1-3）。

総人口に占める 65 歳以上人口の割合を高齢化率として示す。高齢化率が7% となる「高齢化社会」の始まりは、日本では 1970 年であった。そして、「高齢社会」となる高齢化率 14％には、1995 年に突入する。この年は阪神・淡路大震災の起こった年であり、地下鉄サリン事件の起こった年でもある。このころから、メディアは、日本の人口高齢化に警鐘を鳴らす論調の記事を毎日のように掲載するようになる。さらに、高齢化率が 21％を超えることを「超高齢社会」といい、日本は世界で初めて 2005 年にこの状況に突入した。2025 年には高齢化率は 30％、2060 年には 40％になると推定されている。2022 年版高齢社会白書では、高齢化率は 28.9％としており、これは 2020 年 10 月

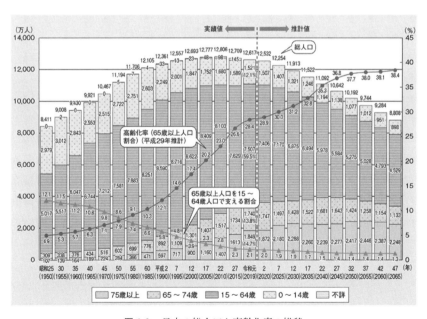

図 1-3　日本の総人口と高齢化率の推移

資料：内閣府 HP https://www8.cao.go.jp/kourei/whitepaper/w-2020/html/gaiyou/s1_1.html

1日現在の統計より算出されている。また2008年には、医療制度上、高齢者は65〜74歳人口である前期高齢者と75歳以上人口である後期高齢者に分けられるようになった。

　2017年1月に日本老年医学会らは日本人口の医学的健康指標のデータから、高齢者を65歳以上とせずに75歳以上とすることを提案する発表をしている。高齢問題の研究者らでつくる日本老年医学会と日本老年学会などが、2013年から協議を重ねてきた結果である。現在は65歳以上とされている「高齢者」の定義を75歳以上に見直し、前期高齢者の65〜74歳は「准高齢者」として社会の支え手と捉え直すよう求める提言を発表した。医療の進歩や生活環境の改善で、10年前に比べ身体の働きや知的能力が5〜10歳は若返っていると判断してのことである。

　一方で、日本の超高齢社会では、その問題として、いわゆる定年したあとの高齢者も働かないと生活ができないことや、高齢者が起こした交通事故に関する報道も多い。人生100年時代に60歳、65歳で定年となると、年金制度が先細りの少子高齢化時代には老後の備えをしておかなければ、定年退職後の生活が不安である。しかし、全体で見れば、高齢者のほうが資産を持っており、年金にもっと期待のできない若い世代のほうに貧困問題はあり、若い世代にどう資産を移すかという議論もされている。

　高齢者による交通事故については、認知症の高齢者が高速道路の入り口で間違えて慌てて反対側車線に入り引き返そうとしたり、アクセルとブレーキを間違えて踏んで事故を起こしたりと、高齢者の認知機能、即時の判断能力の低下によるとされ注目を集めている。しかし、全人口の中で高齢ドライバーの数が増えており、ドライバー母数との割合から言うと、高齢者が事故を起こしやすいとまでは言えない。若い世代は運転免許を取得しない、車を持たないという生活スタイルを選択する人が増えていることもあり、若いドライバー数が減っている背景もある。

　人口学で代表的に用いられる指標のひとつである合計特殊出生率（TFR）とは、1人の女性が生涯に産むと見込まれる子どもの数であり、その年の15歳から49歳までの女性が産んだ子どもの数を元に算出されている。人口を維持できるTFRの水準は2.1とされ、将来の人口が増えるか減るかをみる指

標となる。

　厚生労働省が 2019 年 6 月 7 日に発表した人口動態統計によると、2018 年
に生まれた子どもの数（出生数）は 91 万 8,397 人で、過去最低を更新した。
3 年連続で 100 万人を割ったことになる。TFR は 1.42 と、17 年から 0.01 ポ
イント下がっており、低下は 3 年連続である。晩産化や結婚をしない人が増
えている影響が大きいと報道されている。

　TFR については、日本では第一次ベビーブーム（1947〜1949 年）までは 4
を超えていたが、その後急速に低下をたどり、1970 年代に 2.0 以下となり、
年々最低記録を更新しつづけ、1993 年には 1.46、1998 年 1.38、そして 2004
年には 1.29 となった。2006 年には 1.26 にまで落ち込むが 2012 年には 1.41
まで回復した。ただ、回復したのは、若い女性が子どもを出産し子育てする
環境が改善されたからというよりも、出産を先延ばしにしていた女性が駆け
込み出産をしたためだとの指摘もある。しかし今後は出産適齢期の女性の数

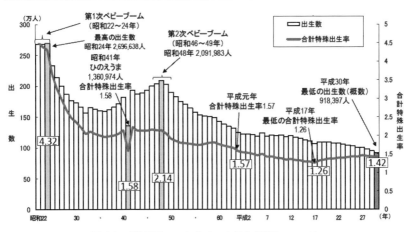

図 1-4　「我が国のこれまでの少子化対策について」

出典：内閣府子ども・子育て本部　平成 31 年内閣府 HP より https://www8.cao.go.jp/shoushi/shoushika/
　　　meeting/taikou_4th/k_1/pdf/s3.pdf
資料：厚生労働省「人口動態統計」

が減っていくため少子化傾向が続くと予測されており、実効性のある子育て支援が求められている。一方で人口高齢化がますます進行している社会において、相対的な比率の低下した生産年齢人口（15～64歳）が、いかに高齢者人口を支えることができるかが大きな課題となっている。

　これまでに見たように、人口学からも急速な少子高齢化が示され、それにともない、経済や社会保障を支えるために女性の労働や社会進出が求められ、さらには、外国人労働力が必要となっている。多様性を認める社会や多文化共生の必要性が議論されている。

3.　女性の就労と出産・育児の選択と子育て支援

　次に、まず、労働経済学から、女性の年齢別の就労率カーブを図1-5、1-6に提示する。日本特有の女性のM字型の就労率カーブは、日本社会では、働く女性が子どもを産むことを選択すると、労働力から脱落することを示して

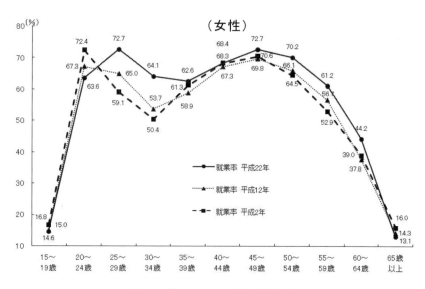

図1-5　日本における女性の労働力率

出典：内閣府男女共同参画局　平成25年男女共同参画白書

いるとも読むことができる。

　「労働力率」とは、「生産年齢人口」に対する「労働力人口」の比率であらわす。「生産年齢人口」とは、生産活動に従事できる人口のことで、日本では 15 歳以上 65 歳未満とされている。また「労働力人口」は、生産年齢人口のうち労働の意思と能力のある人口を指し、就業者と完全失業者（働く意志と能力があり、求職活動を行っているが就職していない者）の合計を指す。通学・家事従事・病弱などの理由で生産活動に従事しない非労働力人口はこれに含まれない。

　図 1-5 は、日本において女性の労働力率を年齢階級別（例えば 5 歳毎などでくくる）にグラフ化したものであるが、日本に特徴的であるのは、これが M 字型曲線を描くということである。例えば、これは 20 代で学校を卒業して働き始め、30 代で出産・育児に専念、子育てが一段落した 40 代で再び職に就くという、日本女性の働き方の特徴を表している。この背景には、「女性は家事に専念するべき」という考え方が根強く残っていることや、女性が家事や育児を担いながらも働き続けられる環境が整っていないことなどが議論

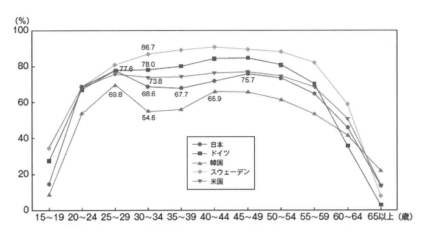

（備考）1.「労働力率」は、15 歳以上人口に占める労働力人口（就業者＋完全失業者）の割合。
　　　　2. 米国の「15～19 歳」は、16～19 歳。
　　　　3. 日本は総務省「労働力調査（基本集計）」（平成 24 年）、その他の国は ILO "LABORSTA", "ILOSTAT" より作成。
　　　　4. 日本は 2012（平成 24）年、その他の国は 2010（平成 22）年の数値（ただし、ドイツの 65 歳以上は 2008（平成 20 年）。）。

図 1-6　労働力率の国際比較

資料：内閣府男女共同参画局　女性の年齢階級別労働力率（国際比較）

されてきた。

　図1-6は、労働力率グラフを国別に示している。国際比較で見てみると、この「M字カーブ」を描いているのは日本と韓国だけであり、世界的にはむしろ特異であることがわかる。逆に、ドイツやスウェーデン、アメリカでは「逆U字型」と呼ばれる曲線を描いており、一定の年齢層で労働力率が下がるということはない。この要因としては、女性の働き方に対しての柔軟性が高いこと、そして地域の子育て支援の環境が整っていることなどが考えられ、少子高齢化が問題視される日本でも、諸外国の取り組みは参考にされるようになっている。

　これらのカーブも変化しており、女性は自分の家族を持っても、働き続けるようになってきた。いわゆる女性の「沈黙革命」である。自治会や学校のPTAでは、母親は働いていないことを前提に、各家庭への役割分担があったのが、最近は、「母親も働きにでているから」という対応へと変化してきている。

　少子化が進み、子育てをしている家庭を支援するために、1994（平成6）年、厚生労働省は、「今後の子育て支援のための施策の基本的方向について（エンゼルプラン）」を策定した。この施策から現在に至るまで、さまざまな少子化対策のための子育て支援策がとられている（図1-9）。

　1994（平成6）年エンゼルプラン、1999（平成11）年の新エンゼルプランは、家庭と仕事の両立、地域の子育て家庭への支援を視野に入れて、保育所の量的拡大、低年齢児（0〜2歳児）保育、延長保育などの多様な保育サービスの充実、地域子育て支援センターの整備を定め、支援の対象は主に子育てをしている母親であった。しかしながら、エンゼルプラン、新エンゼルプランを実施しても合計特殊出生率（TFR）は下がり続けた。これを受けて、2002（平成14）年には、少子化対策プラスワンを策定し、母親支援とともに父親が育児に参加できるような支援策を目指した。男性を含めた働き方の見直し、多様な働き方の実現（子育て期間における残業時間の縮減など）、父親の育児休暇の取得、待機児童ゼロ作戦の取り組み、地域の子育て家庭への支援とネットワークづくりなどが重点的内容となっている。待機児童ゼロ作戦としては、2001（平成13）年に、保育所に入れない待機児童をなくすために、待機児童の多い地域の保育所整備、家庭的保育事業の実施、保育所定員の緩和な

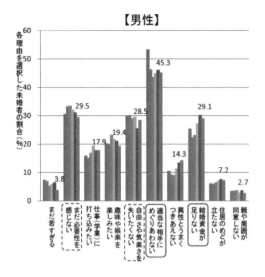

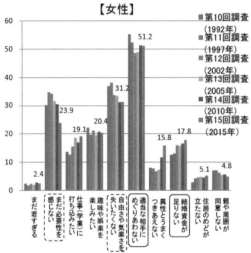

○ 25〜34歳の未婚者に独身でいる理由を尋ねると、男女とも、「適当な相手にめぐりあわない」が最も多い。
○ 次いで、男性については、「まだ必要性を感じない」「結婚資金が足りない」が多く、女性については、「自由さや気楽さを失いたくない」「まだ必要性を感じない」が多い。

図 1-7　若者が結婚しない理由

注： 対象は、25〜34歳の未婚者。未婚者のうち何％の人が各項目を独身にとどまっている理由（3つまで選択可）としてあげているかを示す。グラフ上の数値は第15回調査の結果。
出典： 国立社会保障・人口問題研究所「出生動向基本調査［独身者調査］」（2015年）
「我が国のこれまでの少子化対策について」内閣府子ども・子育て本部　平成31年内閣府 HP より
https://www8.cao.go.jp/shoushi/shoushika/meeting/taikou_4th/k_1/pdf/s3.pdf

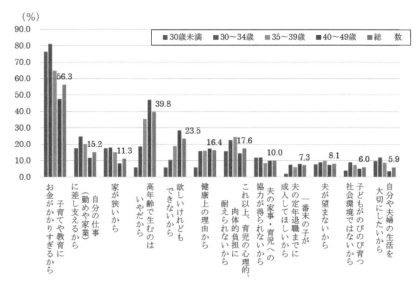

図 1-8　妻の年齢別にみた、理想の子ども数を持たない理由

注： 対象は予定子ども数が理想子ども数を下回る初婚どうしの夫婦。予定子ども数が理想子ども数
　　を下回る夫婦の割合は 30.3％。
資料： 国立社会保障・人口問題研究所「第 15 回出生動向基本調査［夫婦調査］」(2015 年)
「我が国のこれまでの少子化対策について」内閣府子ども・子育て本部　平成 31 年内閣府 HP より
https://www8.cao.go.jp/shoushi/shoushika/meeting/taikou_4th/k_1/pdf/s3.pdf

どが行われている。
　さらに、2003（平成 15）年に次世代育成対策推進法が時限立法で制定され、
2014（平成 26）年には延長法が制定されている。この法律は、「急速な少子化
の進行等を踏まえ、次世代の社会を担う子どもが健やかに生まれ、かつ、育
成される環境の整備を図るため、次世代育成支援対策について、基本理念を
定めるとともに、国による行動計画策定指針並びに地方公共団体及び事業主
による行動計画の策定などの次世代育成支援対策を迅速かつ重点的に推進す
るために必要な措置を講ずる」ために制定された。市町村に、5 年を 1 期と
して、地方公共団体の行動計画の策定、従業員が 101 人以上の企業に対して、
一般事業主行動計画の策定・届出を義務付けている。また、育児参加を父親
個人に働きかけるだけでなく、仕事と家庭生活を社会全体で見直すことで育
児に参加しやすい環境づくりを目指す必要があるとして、子育て家庭を社会

全体で支援する観点から、2003（平成 15）年少子化社会対策基本法が制定された。

　ここまでの子育て支援は少子化対策として位置づけられていたが、2004（平成 16）年の子ども・子育て応援プラン、2010（平成 22）年の子ども・子育てビジョンは、子どもと子育てを全力で応援することを目的として、「子どもが主人公（チルドレン・ファースト）」という考え方のもと、「子ども・子育て支援」へと視点を移行して、社会全体で子育てを支えるとともに、「生活と仕事と子育ての調和」を目指すとしている。

　少子化の進行が社会経済の根幹を揺るがす危機的状況であるという判断から、2015（平成 27）年には、さらに踏み込んだ、少子化社会対策大綱—結婚、妊娠、子ども・子育てに温かい社会の実現をめざして—が閣議決定された。主な内容としては、待機児童解消、放課後児童対策、「結婚、妊娠、出産、子育て」の各段階への切れ目のない取り組みと、地域・企業などの社会全体の取り組みを両輪として、きめ細かく対応するとした。同時に、男女の働き方改革として、男性の意識・行動改革、ワーク・ライフ・バランス、女性の就労継続やキャリアアップなどを掲げ、社会全体を見直した改革として閣議決定したものである。

　2016（平成 28）年には、ニッポン一億総活躍プランが閣議決定され、国民一人ひとりが家庭で、職場で、地域で、あらゆる場所で、誰もが活躍できる社会の実現を目指し、「新・3 本の矢」として、「希望を生み出す強い経済」「夢をつむぐ子育て支援」「安心につながる社会保障」を掲げた。これにより、具体的には、GDP600 兆円、希望出生率 1.8、介護離職ゼロを目標として、同一労働同一賃金、長時間労働の是正、高齢者の就労促進を実現しようというものであった。

　2017（平成 29）年の厚生労働省の発表した子育て安心プランは、深刻化している待機児童の問題に対して、2022（令和 4）年までに待機児童問題を解消し、同時にこの 5 年間で女性の就労率を 72.7%（2016（平成 28）年）から 80% まで向上させようとするものであった。主な内容としては、①保育の受け皿の拡大、②保育人材確保、③保護者への「寄り添う支援」の普及促進、④働き方改革、⑤持続可能な保育制度の確立、⑥保育の質の確保、という「6 つの支援パッケージ」の充実をはかるとしている。

　2012（平成 24）年に新たに制定された子ども・子育て関連 3 法とは、「子ど
も・子育て支援法」「就学前の子どもに関する教育、保育等の総合的な提供の
推進に関する法律の一部を改正する法律（認定こども園の一部改正法）」「子
ども・子育て支援法及び就学前の子どもに関する教育、保育等の総合的な提
供の推進に関する法律の一部を改正する法律の施行に伴う関連法規の整備等
に関する法律（関係法律の整備に関する法律）」を指す。子どもを社会全体の
力で育てるための新しいシステムづくりがうたわれ、財源を 1 兆円増やすこ
と、財政システムを一元化することが決まっている。具体的には国の「子ど
も・子育て会議」で決められる。財源の一部は消費税引き上げにより確保す
るともされており、具体的な施行は消費税の引き上げと連動している。この
3 法の要点としては、認定こども園、幼稚園、保育所を通じた共通の給付（施
設型給付：保護者に対する個人給付を確実に学校教育・保育に要する費用に
充てるため保護者に代わって教育・保育施設が受領するもの）および小規模
保育等への給付（地域型保育給付：小規模保育（定員 6〜19 名以下）、家庭
的保育（定員 5 名以下）、居宅訪問型保育、事業所内保育などにおいて質の確
保を図るために給付）の創設、幼保連携型認定こども園の改善、地域の実情
に応じた子ども・子育て支援の充実がある。
　2015（平成 27）年に子ども・子育て支援新制度が施行され、すべての子ど
も・子育て家庭を対象に市町村が実施主体となり、教育・保育、家庭的保育、
地域の子ども・子育て支援の質と量の充実を図ることになった。地域子ど
も・子育て支援事業を実施する市町村に対して、交付金が交付される。実施
主体の市町村は、地方版子ども・子育て会議の意見をくみ上げながら、子ど
も・子育て支援事業計画に基づいて実施される。就学前は義務教育ではない
ものの、法により、3 歳以上の子どもは保育所、幼稚園、認定こども園の区
別とかかわりなく教育・保育を受けることになる。3 歳未満の子どもは必要
に応じて保育を受けることができる。また、従来の幼稚園や保育所だけでな
く、教育と保育を一体化した新しいタイプの教育・保育施設が誕生する。幼
保連携型の認定こども園の位置づけも学校教育とすることが決まった。
　子ども・子育て支援事業として、利用者支援事業、地域子育て支援拠点事
業、妊婦健康診査、乳児家庭全戸訪問事業、養育支援訪問事業、子育て短期
支援事業、ファミリー・サポート・センター事業（子育て援助活動支援事

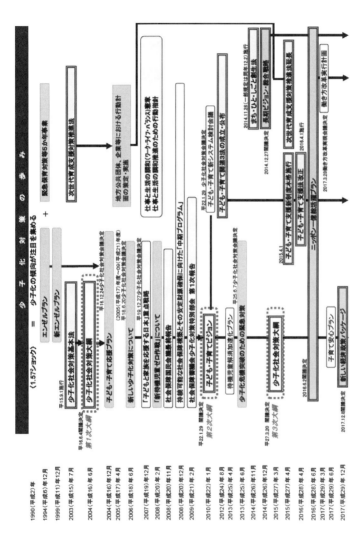

図 1-9 「我が国のこれまでの少子化対策について」

内閣府子ども・子育て本部　2019（平成31）年　内閣府HPより[3]
https://www8.cao.go.jp/shoushi/shoushika/meeting/taikou_4th/k_1/pdf/s3.pdf

業）、一時預かり事業、延長保育事業、病児保育事業、放課後児童クラブ（放課後児童健全育成事業）、実費徴収に係わる補足給付を行う事業、多様な主体が本制度に参入することを促進するための事業がある（「子ども・子育て支援新制度ハンドブック」（平成 27 年 7 月改訂版）内閣府 https://www8.cao.go.jp/shoushi/shinseido/faq/pdf/jigyousya/handbook7.pdf）。

　2017（平成 29）年 12 月閣議決定の新しい経済政策パッケージでは、「人づくり革命」として第 1 に幼児教育の無償化があげられ、2019 年 10 月から、3 歳児から就学前の児童を対象に無償化がはじまった（この影響については、後の章で述べる）。第 2 に待機児童の解消となっている。なお、これにはさらに、高等教育の無償化、私立高等学校の授業料の無償化、介護人材の処遇改善、これからの施策を実現するための安定財源、財政健全化との関連などがつづいている。

　女性が、あるいはカップルが出産や子育てを選択するときにも、まえがきで紹介した、「平等と公平・公正」の概念を持って考えると、子育て支援を行うことで「公平」を目指すということになる。それが、社会全体として子育て、次世代を育てるということである。母親あるいは父親がひとりで担うということではない。

おわりに──ペアレンティング（parenting）と子育て（child rearing）──

　子育て支援のプログラムやさまざまな活動に参加すると、母親たちが赤ちゃんにはなしかける言葉は、「共生」を基本としていることがわかる。他の子どものおもちゃを奪い取るといった行動はたしなめられ、自分の子が使っているおもちゃを他の子が欲しそうにしていると、譲り合うことや、「ありがとう」を言うことを促すなどである。縄張りや領土を取り合うという姿勢はない。これは、現場のアクターが母親であるという要素もあるのであろうか。

　本書は、読者に「子育て」というしあわせについて知っていただきたいという思いから書き始めることになった。子育てについては、妊娠期、出産期、新生児・乳児・幼児期など各期における育児と、さまざまなステージに奥深

い課題が存在する。これらの課題は、医学的課題、あるいは社会経済また文化的背景に根付くものなどがある。結局は、難しいことを考えるより、「『子育て』というしあわせ」を、子育てにあらゆる立場から多少なりとも従事する機会が与えられた人々がみな感じることができる社会、それが共生社会の目指すところのひとつの基準であるように思う。

　超少子高齢化社会における子育てに関する諸課題の解決の道は、選択のできる社会の実現、そして、さまざまな選択をした女性が、「普通の人」、「不完全な人」などのレッテルを貼られることなく共生できる社会の実現を目指すことにある。それを阻むものとしては、女性が育児から社会復帰できない仕組み、例えば、子育て後に新卒、新入社員として採用してもらえない、自立ができず子どもの父親に依存しなければならない、女性のみが「家に入って」子育てに従事し、男性はノータッチか時々「手伝う」、あるいは、男性が参加したくても参加できない労働環境、などが考えられる。そして、国家の人口政策は、少子高齢化社会に歯止めをかけるための総人口の増減を目標値として議論されるのではなく、個人としての女性のリプロダクティブヘルス・ライツが尊重されるという基盤の上での政策でなければならない。

【注】
1）「妊産婦死亡、自殺が1位 国立成育医療研究センター調査」日本経済新聞　2018年9月5日 https://www.nikkei.com/article/DGXMZO35015020V00C18A9CC1000/（Accessed 19 August 2021）
2）「妊産婦の死因、自殺がトップ 産後うつでメンタル悪化か」朝日新聞　2018年9月5日 https://www.asahi.com/articles/ASL9473MVL94ULBJ00Z.html（Accessed 19 August 2021）
3）「厚生労働省における妊娠・出産、産後の支援の取組」厚生労働省子ども家庭局保健課 https://www.gender.go.jp/kaigi/senmon/jyuuten_houshin/sidai/pdf/jyu23-03.pdf（2021年8月20日閲覧）

【課題】
日本における少子化対策の変遷について、さらに調べて、分析してみましょう。また、比較対象となりそうな海外の事例もあわせて調べてみてください。

【読書案内】
山口慎太郎『「家族の幸せ」の経済学』光文社新書、2019年

　著者は、東京大学経済学部・政策評価研究教育センター准教授。「帝王切開なんかしたら落ち着きのない子に育つ」、「赤ちゃんには母乳が一番。愛情たっぷりで頭もよくなる」、「3 歳までは母親がつきっきりで子育てすべき。子もそれを求めてる」、など出産や子育てに関するよく聞かれる「思い込み」について経済学者が見直す。章立ては、結婚の経済学、赤ちゃんの経済学、育休の経済学、イクメンの経済学、保育園の経済学、離婚の経済学。2019 年サントリー学芸賞受賞。

米沢富美子『人生は、楽しんだ者が勝ちだ 私の履歴書』日本経済新聞出版社、2014 年

　「仕事が楽しく、育児も楽しく、そして筆舌に尽くしがたい忙しさ」という著者の幸せな気持ちが溢れている言葉は、多くの困難を機転を利かせて乗り越えてきたからこそで、これから仕事と子育ての人生を生きようとする若い女性にも勇気を与えてくれる書である。「学会の子連れ狼」とも呼ばれて、研究もあきらめない。家事や育児を分担しない著者の夫の「君の勉強している姿を、最近見なくなった。怠けているんじゃないか」という発言が彼女をさらに奮い立たせる話も、歯を食いしばって頑張っているはずなのに微笑ましい。著者は、大阪出身、慶應義塾大学名誉教授、女性初の日本物理学会会長、2005 年ロレアル―ユネスコ女性科学賞受賞。（日経新聞連載で好評のため書籍刊行）

倉沢愛子『女性が学者になるとき』草思社、1998 年

　1968 年から 69 年にかけて、大学闘争の真っ只中の東京大学で最終学年を迎えた著者は、インドネシア研究のため大学院にすすむ。間もなく同級生と結婚。二人は一緒に研究に励むことを誓ったが、インターネットもない時代、簡単に連絡も取れず、アメリカへの留学やインドネシアの農村で研究生活をつづけるうちに、二人の間に亀裂が生じる。著者はそれでも論文の執筆に打ち込み、ついにインドネシア研究の金字塔となる博士論文を完成させる。一人の女子学生がインドネシア現代史の研究者に成長していく過程を語った自伝。

【参考文献】

湯浅資之（2015）「母子保健」『公衆衛生』田城孝雄・横山和仁編、8 章、124-140、放送大学教育振興会

コラム1　少子化をとりまくデータ

失われた第三次ベビーブーム

　日本で少子化が問題となっている。2020（令和2）年の国勢調査によると、日本の総人口は1億2,622万人であり、2010年の1億2,361万人以降、年平均0.14-0.15％減であった[1]。

　人口ピラミッドをご存じだろうか？　男女別に年齢ごとの人口をあらわしたグラフのことである。具体的には中央に縦棒をひき、底辺を0歳にして、頂点を最高年齢者として年齢を刻み、左右に男女別に年齢別人口数を棒グラフで示す。昔はどの国においてもこのグラフが「ピラミッド」に似た形、すなわち年齢が小さくなるにしたがってすそ野が広がっていたことから、「人口ピラミッド」と呼ばれていた。

　ここで、おおざっぱな計算をしてみよう。仮に人口ピラミッドが「長方形」だったとする。0歳で生まれた人が100歳まで生きる場合、2020年の日本の各年齢人口は、日本の総人口を100で割った126万となる。実際の日本の人口ピラミッドは「長方形」ではなく、かといって「ピラミッド形」でもなく、年齢が小さくなるとすぼまっている。

　現在の日本における出生数はどれほどだろうか？　2020年の人口動態統計によると、日本の出生数は約84万人であった[2]。人口ピラミッドが長方形だと仮定したときの約2/3程度である。思ったより大きいだろうか？　小さいだろうか？

　また、一人の女性が一生涯で子どもを何人産むかという人数、つまり合計特殊出生率はどの程度であろうか？　2020年の合計特殊出生率は1.34であった。人口維持に必要な合計特殊出生率を人口置換水準と呼び、2.1（更に厳密にいうと2.07）とされているので、2020年の合計特殊出生率は人口維持基準の6割ほどの数値になっている。人口ピラミッドが尻すぼみになっているのも理解できる。

　日本の少子化は、いつから始まったのか。

　図1は、1947年以降の出生数（棒グラフ）と、合計特殊出生率（折れ線グラフ）の推移を示している。まず、出生数を見てみよう。1947-1949年にグラフが小さな山のようになっている。この期間は第一次ベビーブームと呼ばれており、年間出生数が250万人をこえた。次に、第一次ベビーブームの24年後1971-1974年にも、小さな山がある。この期間は第二次ベビーブームと呼ばれており、年間出生数が200万人（第一次ベビーブームの8割程度）を超えた。また、第二次ベビーブームの少し前、1966年にはくぼみがある。これについては後述する。

　同様に、合計特殊出生率を見てみよう。第一次ベビーブームでは、合計特殊出生率は4.5と非常に高い値を示している。ところが、その後は減少している。第二次ベビーブームでは、2.1程度となっており、同じ「ベビーブーム」の第一次と比較すると半分ほどしかない。この時点で人口置換水準ぎりぎりの数字であり、1974年以降は、2.1を下回っている。つまり、第二次ベビーブームは、出生数の観点でいけば「ブーム」であるが、合計特殊出生率で判断した場合には決して「ブーム」

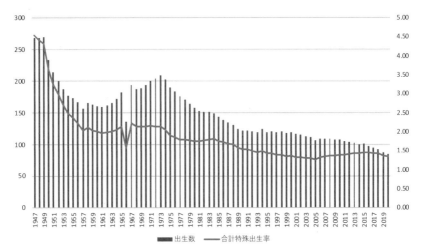

図 1　日本における出生数と合計特殊出生率の年次推移

データ：厚生労働省[2] より筆者作図

ではなかったのだ。

　次に、棒グラフ・折れ線グラフ共に目をひく動きをしている 1966 年についてみ
てみよう。前提として、日本では、年を「干支」を用いて表現をする風習がある。
「干」は 10 種類、「支」は 12 種類あるので、組合わせである「干支」は 60 種類と
なり、60 年に一度同じ「干支」がやってくる。現在では、年賀状を出す際や生ま
れ年について話題にするときに十二支を意識する程度であるが、昔はもっと干支が
活用されていた。例えば、歴史で学習する「壬申の乱」は干支の「壬申」の年に起
こった戦であり、「甲子園」は「甲子」の年に設立された。

　話を元に戻そう。1966 年は、60 年に一度の「丙午（ひのえうま）」である。「丙
午生まれの女性は気性が荒く、結婚後夫を不幸にする」という迷信があり、この年
の出産を控えたカップルが多くいたと考えられている[3]。なお、干支を使用する風
習のある韓国、ベトナム、中国などでは丙午生まれの女性についての迷信がない
が、韓国では「2007 年：黄金の亥年」「2010 年：白虎の年」「2012 年：黒龍の年」
などの縁起のよい年に出生数が多くなる傾向が認められた[4]。

　第二次ベビーブームの終了から約 50 年が経とうとしているが、その間第三次ベ
ビーブームはあったのか？　残念ながら、そのような傾向は観察されていない。出
生数の動きを観察すると、棒の長さが短くなり続けているのがわかる。2016 年に、
出生数が 100 万人未満となり騒然となったが、2019 年には 90 万人未満となり減
少の一途をたどっている。合計特殊出生率（折れ線グラフ）では、若干の増加傾向
があるようにもみえるが、出産可能年齢の女性人口が減少しているために、「率」と

してそのように観察されているだけで問題が解決方向に向かっているわけではない。なお、このことについて、「失われた第三次ベビーブーム」と表現する場合がある[5]が最初の提唱者は不詳である。筆者は、2010年代に死産や人工妊娠中絶の増加など、出生数が減る他の要因に変動があったか検討したが、数を見る限りではそのような変動はみられず、人工妊娠中絶実施率において、1996年から2002年においてわずかな増加傾向を認めたのみであった[5]。

　少子化は、実際の生活にどのような影響を及ぼすのだろう。人口構造が大きく変わり、少ない現役世代が、増加する高齢世代を支えないといけない社会保障構造となることはよく知られている。2017、2018年に出版された、河合雅司氏の『未来の年表』『未来の年表2』では、2024年には、全国民の3人に1人が65歳以上となり、刑務所が介護施設化したり、老後資金が不十分なまま定年を迎える人が増大する、などといった具体的な事象が書かれている[6,7]。

　少子化に直面しているのは日本だけなのだろうか？　実は、欧米を含む世界でも合計特殊出生率が人口置換水準を超える国はほとんどない。少子化対策の成功例としてよく紹介されるフランスでは1.9、スウェーデンでは1.7[1]であり、日本よりはかなり高い合計特殊出生率であるとはいえ、基準の2.1には満たないのだ。ダリル・ブリッカー氏とジョン・イビットソン氏は、著書の中で2050年には人類史上はじめて人口が減少するであろうと予想している[8]。この本では、少子化問題に最も有効なのは移民を受け入れること、としているが、移民先の土地で生まれた子どもは、現地での教育を受け、現地の子どもたちと同じ価値観を持つようになることが多いので、問題を先送りにするだけで根本的な解決にはならないだろうということも書かれている。

　そのような少子化問題を抱えている世界であるが、少子化以外の問題として、気候変動問題、それによる気温の上昇、自然災害の増加、食糧難、感染症の世界的蔓延など、私たちの生命を脅かすような様々な問題も起きつつあり、今存在する人口が、快適に暮らしていくことすらとても難しいことなのではないかと思えてしまう。

子育て世代の人口・結婚・妊娠が減っている

　そもそも、日本において、出産することができる年齢にある女性の人口（生殖可能年齢女性人口）は減少している。生殖可能年齢は、日本では15-49歳の女性人口と定義されているが、1990年には3,100万人だったのが、2014年には2,500万人と減少した[2]。

　第二次ベビーブームの時点で出生数減少に歯止めをかけられなかった影響が1990年代以降の生殖可能年齢人口の減少につながっている。繰り返しになるが、2000年以降の合計特殊出生率が若干の増加傾向にみえるのは、分子となる出生数と分母となる生殖可能年齢人口のそれぞれが同じようなスピードで減っているためである。

　次に、結婚する人が減っていることもよく知られている。海外では結婚の有無にかかわらず出産する人も増えていて、結婚せずに出産したとしても、制度上も社会生活上も母・子それぞれ特に大きな不利益はないといわれている。一方、日本では婚姻外出生が全体のわずか 2％しかなく[2]、婚姻件数の推移は、出生数推移を考えるうえで重要な要素となっている。婚姻件数は令和元年となった 2019 年に、いわゆる「令和婚」ブームで少し増えた以外は減少傾向となっており 2020 年にはわずか 52 万件となっている[2]。なお、同年の離婚件数は、19 万件である。結婚してすぐ離婚するわけではないが、その年の増減ということで引き算をしてみると 33 万件になる。また、50 歳時点での未婚割合を生涯未婚率と呼ぶが、男性で 24.2％、女性で 14.9％ となっている[1]。男性の 4 人に 1 人、女性の 7 人に 1 人はこの定義上「生涯未婚」なわけだ。このデータだけでは、結婚したいと思っていたけれどかなわなかったのか、結婚したいとは思っていなかったのか、結婚観が人生のステージごとに変わっていったのか、など詳しいことはもちろんわからないし、その人自身が結婚するかどうかを決めたらよいわけだが、日本の人口を考える上では、未婚者が増えているというのは深刻な事実である。

　そして、結婚する場合でも、その時期が遅くなってきている。2020 年における初婚年齢は男性で 31.0 歳、女性で 29.4 歳となっている[2]。また、初回の出産年齢は 30.7 歳となっている。いつ結婚するか・子を持つかどうか、いつ子を持つかの決断はそのカップルにゆだねられるが、医学的には、女性の 35 歳以上での出産は、34 歳以下の出産と比べて妊娠中や出産時のリスク、胎児が染色体異常を有する確率が高いほか、年齢があがるほど不妊治療の成功率も低くなることが明らかになっている[9]。

　なぜ結婚する人が減っているのか。カナダの研究者によると、日中韓における共通の要因として子育てにお金がかかること、有償労働（＝仕事）と無償労働（＝家事）の分担に関する不平等なジェンダー規範が根強くのこっていること、子どもをもたないことへの受容等の規範の変化などがあげられている[10]。

　少子化の徴候はすでに 1970 年ごろから観察でき、関係する指標はいずれも少子化を助長する方向に推移していることが読み取れた。

（馬場幸子）

【引用文献】
1）総務省統計局　https://www.stat.go.jp/index.html（アクセス：2022 年 11 月）
2）厚生労働省　https://www.mhlw.go.jp/index.html（アクセス：2022 年 11 月）
3）赤林英夫（2007）「丙午世代のその後─統計から分かること」日本労働研究雑誌、569: 17-28
4）ニッセイ基礎研究所　https://www.nli-research.co.jp/?site=nli（アクセス：2022 年

11 月）

5）Baba S., Goto A. & Reich M. R.（2018）Looking for Japan' missing third baby boom. J Obstet. Gynaecol Res; 44（2）:199-207.

6）河合雅司（2017）『未来の年表』講談社

7）河合雅司（2018）『未来の年表 2』講談社

8）ダリル・ブリッカー、ジョン・イビットソン（河合雅司）（2020）『2050 年世界人口大減少』文藝春秋

9）生殖医学会　http://www.jsrm.or.jp（アクセス：2022 年 11 月）

10）Gauthier A. H.（2015）Low fertility and Reproductive Health in East Asia

第 2 章
グローバルヘルスと SDGs
——コロナ禍の妊娠・出産・子育て——

大谷順子

1. ミレニアム開発目標（MDGs）から持続可能な開発目標（SDGs）へ
——「誰ひとりとして取り残さない」という SDGs の理念——

　2000 年からの世界的なアジェンダであった「ミレニアム開発目標（MDGs: Millennium Development Goals）」が、当初から設定されていた 2015 年に終焉を迎えるにあたり、ポスト MDGs となる新たなアジェンダとして「持続的な開発目標（SDGs: Sustainable Development Goals）」が国連総会において批准された（図 2-1）。MDGs は貧困撲滅を最も主な目標としながら、健康目標という異名で呼ばれるなど、保健・健康分野の指標が半分の比重をもつほど重視された。とりわけ、母子保健と感染症対策が主な目標として掲げられた。MDGs という目標のもとに母子保健分野が成し遂げた進捗を整理し、それを踏まえて、新たに SDGs という目標のもとでの課題を概観する必要がある（高橋他 2017、小松 2019）。

　SDGs においては、人口高齢化にも伴い、生活習慣病（NCDs: Non-communicable diseases）の予防や、サービス財源の確保と、サービスの質向上を同時に志向する「ユニバーサルヘルスカバレッジ（UHC: Universal Health Coverage）」の実現が提唱されていることが大きな新たな課題と言えよう。先にも述べたように、日本の近代の母子保健の経験と成果は世界にも誇れるものであり、世界的に参考にされるモデルでもある。MDGs という世界的目標のもと、英国の医学学術誌 Lancet では、先行研究レビューの連載が掲載されたり、インドにおける無作為化比較試験（RCT: Randomized Controlled Trial）の成果など、母子保健分野でも、それらのエビデンスに基

図 2-1　持続可能な開発（SDGs）の 17 の目標

出典：国際連合広報センター（https://www.unic.or.jp/news_press/features_backgrounders/31737/）

づいた介入の必要性が提言されるに至った（高橋他 2017）。一方で，MDGs の感染症対策等と比較すると、進捗が遅れ気味であった母子保健は、SDGs 時代には「まだ解決済みでない課題（unfinished agenda）」として国連レベルで議論されるようになり、"Global strategy for women's, children's and adolescents' health（2016-2030）" なる戦略書が出版された。この戦略書においては、母子保健分野の 3 つの目的として、Survive（生存）、Thrive（健全な成長）、Transform（社会の転換）が提示された。また、UHC の実現が提唱されたことにより、母子保健への寄与が期待されている。

　しかし、世界で最も早く国民皆保険を実現した日本の経験によれば，国民皆保険導入以前より乳児死亡率等の母子保健指標の改善は始まっており、その改善の背景には保健師、開業助産師によるアウトリーチ活動を始めとするコミュニティ・レベルでの活動が寄与していた。国民皆保険は，保健師の雇用財源に関して主として寄与した。これらの背景を踏まえて、SDGs 時代の母子保健では、エビデンスに基づいた母子保健対策が必要となる。また、日本の経験を反映して、UHC の推進だけではなく、プライマリ・ヘルス・ケア

（PHC: Primary Health Care）[1] に代表されるコミュニティ・レベルでの活動とボランティアの活用も見直すべきである。

2．SDGs と性差

　WHO 紀要 2018 年 9 月号に掲載された論文において、ジェンダーと健康の 3 つの領域にわたる SDGs の目標 3（健康）と目標 5（ジェンダー）と他のグローバル目標との相互作用を示す概念的枠組みが紹介されて、それを示す図が示されている（図 2-2）。このときはまだ新型コロナ感染拡大が発生する前であった。

　その 3 つの領域とは、「性差がある医療制度の対応（医療制度、医療財政、質の高い医療ケア）」、「性差がある健康行動」、「健康の社会的決定要因（SDH）の性差のある影響」となっている。

　それぞれ、「性差がある医療制度の対応」では、SDG8（働きがいのある人間らしい仕事）ではジェンダーと医療従事者（フォーマル・ノンフォーマル）、SDG10（不平等是正）・SDG17（グローバル・パートナーシップ）ではアクセス可能なサービスが挙げられる。

　「性差がある健康行動」では、SDG2（飢餓をゼロに）・SDG6（安全な水と衛生（トイレ））・SDG7（エネルギーへのアクセス；エネルギーをみんなに、そしてクリーンに）・SDG12（消費と生産；持続可能な消費と生産のパターンを確保する；つくる責任、つかう責任）・SDG16（インクルーシブ；平和と公正をすべての人に）として有害な製品への暴露が挙げられる。

　「健康の社会的決定要因（SDH）の性差のある影響」では、SDG4（質の高い教育をみんなに）・SDG6（安全な水と衛生（トイレ）を世界中に）が関連づけられここでも SDG8（働きがいのある人間らしい仕事、公正な雇用、社会的保護；包摂的かつ持続可能な経済成長及び、すべての人々の完全かつ生産的な雇用と働きがいのある人間らしい雇用（ディーセント・ワーク）を促進する）・SDG10（不平等是正：人や国の不平等をなくそう）・SDG11（（都市）地理空間（都市と人間の居住地を包摂的、安全、レジリエントかつ持続可能にする；住み続けられるまちづくりを））が挙げられている。これらは図

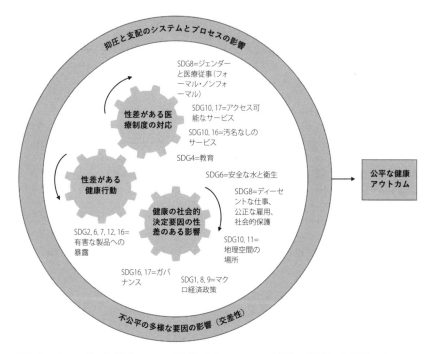

図 2-2　ジェンダーと健康の 3 つの領域にわたる SDGs の目標 3（健康）と目標 5（ジェン
　　　　ダー）と他のグローバル目標との相互作用を示す概念的枠組み（筆者 和訳）

出典：Manandhar, M., Hawkes, S., Buse, K., Nosrati, E. & Magar, V. (2018) Gender, health and the 2030
　　　agenda for sustainable development, Bull World Health Organ. 2018 Sep 1; 96(9): 644–653. Published
　　　online 2018 Jun 12. doi: 10.2471/BLT.18.211607

2-2 に示すように相互に絡み合っており、その全体を「抑圧と支配のシステ
ムとプロセスの影響」と「不公平の多様な要因の影響（交差性）」が囲み、「公
平な健康アウトカム」へ導くものとなっている。

3.　日本発、世界に拡がる母子健康手帳

　ここで、日本で生まれた母子健康手帳について、紹介しておきたい。戦前
の日本に始まっている母子健康手帳は、さまざまな時代を継続して役割を果

たしてきた。最近では、「誰ひとりとして取り残さない SDGs」の具体策としても注目されるにいたっている（第 10 回世界母子手帳会議（東京）2016）。

　母子健康手帳とは、母子保健法に定められた市町村が交付する手帳のことである。妊娠した者は速やかに、市町村長に妊娠の届出をしなければならず（母子保健法第 15 条）、市町村は届出を受けて母子健康手帳をその者に交付する（母子保健法第 16 条 1 項）。国籍や年齢にかかわらず交付を受けることができる。

　太平洋戦争直前の日本では、1937 年に後の母子手帳の根拠法令となる母子保健法が施行された。これは 1941 年の人口政策確立要綱で見られる「1 夫妻 5 児」のような、戦時体制下の日本軍の徴兵制度による、極端な人口増加施策の一環であった。こうした結果、目的や結果はともかく、出産〜保育の環境が著しく急速に整備された。1942 年、国による妊産婦手帳制度が発足した。戦時下においても物資の優先配給が保証されるとともに、定期的な医師の診察を促すことを目的とした。1947 年、児童福祉法が施行された。翌年、妊産婦手帳から母子手帳に衣替えするとともに内容の充実が図られた。1966 年、母子保健法施行。翌年から母子手帳が母子健康手帳に衣替えした。1981 年、母子保健法の改正に伴い、母親によって成長記録が書き込める方式へ変更された。1991 年、母子保健法の再度の改正によって、都道府県交付から市町村交付へと変更された。

　1948（昭和 23）年、当時はまだ戦後間もなく、子どもたちが栄養失調に悩み、感染症も多い時代であった。その時、妊娠中の母親と生まれた子どもの健康を守る手帳として、世界ではじめて考えられたのが「母子手帳」であった。当初は母子手帳を持つことで、妊娠中や授乳中の母親は優先的にミルクや砂糖の配給をもらうことができ、物資不足の折、配給手帳という意味合いにおいても母子手帳は大きな役割を果たした。

　母子手帳の役割は、妊娠中、出産時、新生児期、そして、乳幼児期、それぞれの時期を越えて母子をサポートすることである。妊娠中は、助産師や産婦人科医師の診察を受け、出産時は多くの妊婦が病院（や助産院）に通い、新生児期は自宅に保健師や助産師が家庭訪問にくる。4 ヶ月健診のまえには一通り家庭訪問が行われる。予防接種は、市町村の保健センターで団体接種するものと、市町村に出生届を提出するときにもらうクーポンをもって小児

科のクリニックで接種するもの、任意となっているものがある。それらをすべてこの1冊の母子健康手帳に記録する。日付と場所だけでなくロット番号シールも貼る。

　「妊娠」、「出産」、「小児期」という時期は、かかる医療機関や担当の専門の医師も異なってくる。各々のクリニックや保健センターには、個人の医療や健診の記録がある。しかしそれは個々の医療機関が保存している記録であり、引っ越した場合や転院したときは、以前の予防接種のデータはわからなくなる。母子手帳という形で医療や健診のデータを保護者が持つことによって、異なる場所で、異なる専門家によって行われた母子保健サービスが、一貫性を持つことができるようになる。母子手帳は、切れ目のない継続ケアを保証するシステムとなる。

　日本で発展した母子健康手帳であったが、1980年代に特殊法人国際協力事業団の研修で日本を訪れていたインドネシア人の医師が、母子の健康に貢献する有効性に着目し、母国での普及を考える。インドネシアでは国際協力事業団の働きかけにより、1989年から試験的に手帳の配布を開始。有効性を認識した日本国政府も支援に乗り出し、1998年からは「母と子の健康手帳プロジェクト」として普及が進められた。インドネシア版の母子健康手帳は、日本の手帳と比べて大型（A5ノートサイズ）で、イラストを多用するなど、字の読めない母親にも理解できるように工夫されており、識字率の高くない国でも簡易な育児書としても活用できるよう工夫されている。2007年からは、インドネシアがパレスチナやアフガニスタンでの普及に協力することとなった。インドネシアでの成功により、独立行政法人国際協力機構では母子健康手帳を意識した研修指導を行うようになり、南アメリカやアフリカでの普及を進めている（中村 2018）。

　日本ではまだ一般的とはいえないが、父子手帳を交付している自治体も90以上ある。「イクメン」という言葉ができるなど、父親も積極的に子育てに参加することがあたりまえとなってきている世代に対応するものである。「イクメン手帳」と名付けている自治体もある。父親としての自覚が遅れがちな男性に自覚を促す、また、母親の支援ともなるように、父親の育児参加を促すためのものでもあり、あるいは、子育ての喜びを男性にも味わってもらうためでもある。導入していない市町村は、予算の問題であり検討中というと

ころもある。

4.　多文化共生――エスニック・マイノリティのヘルス――

　日本においても、母親が外国籍である出生は、1990 年以降顕著に増加している。その国籍も、韓国・朝鮮だけでなく、中国、ブラジル、フィリピンをはじめ多国籍化している。また、ネパール、ペルー、タイ、ベトナムなど外国人労働者の出身も多様化し数も増加している。厚労省の統計（2013 年末）によると、少なくとも父母の一方が外国籍である出生数は 3 万人を超え、総出生数の 3.3% にあたる。また、中国とひとことでいっても、日本では年に 100 万人の中国人女性が出産し子育てをしており、日本人と結婚した中国人女性、中国人夫婦であるが留学中、仕事で日本に来ている間の出産、帰国する者、そのまま日本での永住・移民を望む者、あらゆる場合を含める。

　母子保健の問題として取り上げられることに、母・日本籍の子どもと母・外国籍の子どもの間にみられる格差がある（小笠原 2019）。母が外国籍の場合のほうが、非嫡出子率が高く、死産率、乳児死亡率も高くなる。また、乳児検診や 3 歳児健診の受診率、予防接種率は低くなる。外国籍女性が日本で妊娠、出産、育児をする際には、不安やストレス、周りとのつながりの問題、社会・経済的問題、言語の問題、日本の保健医療制度の理解の問題などが困難な点として挙げられており、保健医療従事者の適切な介入の必要性が指摘されている。日本には、在留資格に関係なく利用できる保健医療制度として、入院助産制度、母子健康手帳、妊婦検診、新生児訪問、予防接種、養育医療、育成医療などが設けられている。しかし、外国人の場合、制度をしらなかったり、ことばの壁があったりすることから、こうした母子保健サービスを利用できていないことがあり、この格差を生み出している一因と考えられる（小笠原 2019: 46-48）。2006 年 3 月に出された総務省『多文化共生の推進に関する研究会報告書―地域における多文化共生の推進に向けて』が共生に関する政策論議の一つの転機となっており、外国人住民に対して、母子保健に限らず医療保健などのサービス、さらには、日本語教育、不就学児童への支援、防災対策などの包括的支援が、日本における多文化共生政策の基礎とされて

いる（2019年9月27日、文科省の調査結果として、12万4千人の外国人の小中学生の年齢の児童のうち、約2万人が就学していない可能性があると報告された）。

5. 新型コロナ感染拡大時代――2020年初めから――

コロナ禍という自然実験へ投げ込まれた人類であるが、コロナ禍は、地震などの自然災害と共通する要素も多くあり、対策も応用できることがある。新型コロナ（COVID-19）時代にも浮き彫りとなっている課題は、つまり、さまざまな災害における女性や子どもに関する普遍的な課題として浮かび上がっているものと多くの共通点を持つ。

振り返れば2019年末から発生し、2020年初めから世界に拡大していった新型コロナのパンデミック時代において、SDGsの目標に関連して再確認される、あるいは新たに見えてきた事柄、現象や課題について、いろいろな議論がなされている。

まず、国連の指摘する新型コロナ時代の女性と子どもの課題について見てみよう。UN WOMEN（2020）は、新型コロナと女性について、以下のように警告している。

　　COVID-19パンデミックは単なる健康問題ではない。それは私たちの社会や経済にとって深刻なショックであるといえ、女性はすでに担ってきたケアと新型コロナ対応の取り組みの中心にある。最前線の対応者、医療専門家、地域のボランティア、輸送およびロジスティクスの管理者、科学者などとして、女性は毎日、アウトブレイクに対処するために重要な貢献をしている。自宅や地域社会の介護者の大多数も女性である。さらに、彼女たちは感染や生計手段の喪失のリスクが高くなる。性的および生殖的健康へのアクセスが少なくなり、コロナ禍での家庭内暴力DVの増加が示されているにもかかわらず。

さて、持続可能な開発目標（SDGs）に対する新型コロナの主な影響について、Filho et al.（2020）は図2-3のように図解している。新型コロナは、すべての目標に影響があるといってよいと思われるが、特に、目標1、2、3、4、5、8、10、16における直接的影響が顕著であると言えよう。それぞれの目標

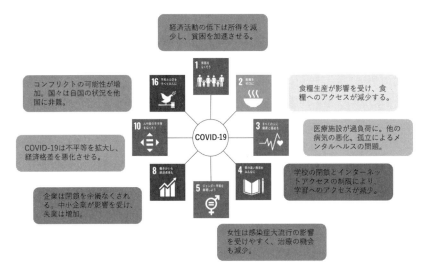

図 2-3　持続可能な開発目標（SDGs）に対する COVID-19 の主な影響（筆者 和訳）

出典：Leal Filho W., Brandli L.L., Lange Salvia A., Rayman-Bacchus L. & Platje J., COVID-19 and the UN Sustainable Development Goals: Threat to Solidarity or an Opportunity? *Sustainability*. 2020; 12 （13）:5343. https://doi.org/10.3390/su12135343

をジェンダー・レンズを用いて、すなわち、まずジェンダーの視点から概観してみる。

　新型コロナ時代には、目標 1 に対して、経済活動が低下し、所得が減少し、貧困を加速させる。そこで女性や子どもの貧困率がさらに高くなる。目標 2 に対しては、食糧生産も影響を受け、食糧へのアクセスが減少する。多くの国の文化で、食糧が限られている場合は、男児を優先して食べさせ、女児の食事が減らされる。目標 3 では、医療施設が過負荷となり、他の病気への対応が適切に行えなくなり悪化する。多くの国の文化で、男児が優先して医療を受けられる。さらには、ソーシャル・ディスタンシングが取られる中、人々の孤立によるメンタルヘルスの問題が増加していることが顕在化している。目標 4 については、学校の閉鎖する中、インターネットアクセスのための環境に課題があり、学習へのアクセスが減少している。目標 3 と 4 に絡んで、新型コロナ時代には、居場所をなくした女子たちへの性的搾取の問題が

増えた。本章が主として見る目標5としては、女性は感染症大流行の影響を
生活の中で受けやすく、一方で、治療の機会が減少している。目標8として
は、閉鎖を余儀なくされる企業もでてくる中、特に、中小企業が影響を受け、
失業は増加している。先に解雇される非正規雇用には女性が多い。目標10で
は、新型コロナは不平等を拡大し、経済格差を悪化させる。目標16に対して
は、コンフリクトの可能性が増加し、国々は自国の状況の問題を他国に原因
があると非難する、とある。

　日本経済新聞（2021年6月11日）によると、日本政府は2021年版男女共同
参画白書を閣議決定し、新型コロナの感染拡大で、女性の非正規労働者や母
子世帯など弱い立場にある人が影響を受け「男女共同参画の遅れが露呈し
た」と指摘した。白書によると、新型コロナは、女性（She: シー）と不況
（Recession: リセッション）をあわせて「Shesession: シーセッション」、すな
わち「女性の不況」と呼ばれる雇用悪化を引き起こしており、男女平等計画
を遅らせつつあると述べている。新型コロナの感染拡大により、日本のサー
ビス業を中心とした女性非正規労働者の失業率がさらに増加し、女性の育児
や家事の負担が大幅に増加している。2020年4月に日本で緊急事態宣言が発
表された際、雇用者数は男性で前月比39万人減少し、女性で70万人減少し、
女性の減少幅は男性の2倍となった。失業者の多くは、宿泊施設、レストラ
ン、生活・娯楽などのサービス業に従事する非正規の従業員であった。白書
に引用されている統計によると、日本の女性非正規労働者の数は2020年3月
以来13ヶ月連続で減少している。これは、非正規雇用が正規雇用になったの
ではなく、非正規雇用の従業員から先に解雇されているという状況を反映し
ている。

　コロナ禍で在宅時間が増えたためドメスティックバイオレンス（DV）の被
害も深刻になった。全国の配偶者暴力相談支援センターとインターネットの
相談窓口に寄せられた相談件数を合わせると2020年度は前年度より1.6倍多
い19万件に上った。2020年の自殺者数は、男性は前年と比べ減少したもの
の、女性は935人増えた。内訳をみると、「無職者」が648人増え、なかで
も「主婦」が最も増加している。白書では「コロナ禍で経済問題や育児の悩
みなど自殺の要因になりかねない問題が深刻化したため女性の自殺増加に影
響を与えた可能性がある」と明記された。パンデミックは、女性と女児が治

療と保健サービスを受けることをより困難にするとも指摘している。

　新型コロナの感染拡大は育児や介護などのケアの仕事に注意を払うきっかけとなった。コロナ禍の社会生活で、経済と私たちの日常生活の維持は、女性による目に見えない、無給の労働の上に構築されているという事実が表面化した。子どもたちが学校に行けず、高齢者や病気の家族のケアニーズが強まり、保健サービスが圧倒される中、コロナ禍におけるケアワークの需要は指数関数的に激化している。コロナ禍では、介護作業の需要の増加は、労働のジェンダー部門における既存の不平等を深めている。学校が閉鎖されると、女性と女児はさらなる課題に直面することになる。コロナ禍での学校閉鎖が拡大するにつれて、教師と生徒は在宅となる。

　育児の正式また非公式な供給が減少するにつれて、保育の需要は、既存の労働力構造だけでなく、社会規範のために、女性に対してより大きくなる。その結果、女性は特に遠隔での仕事、在宅ワークができなくなり、作業能力を制限される。育児支援の欠如は、介護の責任を負う不可欠な労働者にとって特に問題である。保育園がパンデミックにより休園したとき、働く女性たちによる「ここで 20 日以上続いていた有給休暇は消えました！」という親の叫びが SNS に投稿された。コロナ禍が始まる前、2016 年に「保育園落ちた日本死ね!!!」と題した匿名ブログが話題になるなど、待機児童問題が注目されていたが、解決できていないまま新型コロナ時代に突入してしまっている。

　2021 年の夏に第 5 波を引き起こす変異株の急速な拡大により、子どもたちへの感染の広がりはより深刻化した。一時的に閉鎖された保育園の数は急速に増加した。第 5 波により完全に休園となった保育所の数は、前月（2021 年 7 月）の 4 倍のペースの 165 園（8 月 19 日現在）であった。2 学期（秋学期）は、多くの人が保育園に子どもをあずけることができず、すぐに使い果たされる有給休暇を過ごすしかなかった。突然の学校閉鎖や公園の閉鎖は、子育てをしている親が働けなくなることを意味する。子どもの居場所閉鎖に対応した親は差し迫った状況に立たされている。

　また、COVID-19 の介護負担の影響を特に受けたのは「ヤング・ケアラー」、つまり、大人が日常的に行うはずの家事や（育児や介護の）ケアを行っている子どもたちである。彼らの存在は、日本の社会問題となっている。

　日本では、2021年9月に起きた千葉での事件が、妊産婦への対応の重要性を喚起した。新型コロナに感染した妊娠29週の妊婦が、受け入れ病院が見つからないまま、柏市の自宅で出産し、新生児が死亡した問題である。

　産後うつ、コロナ禍で県を超えた移動の行動規制があり里帰り出産ができない状況、出産後、家族が手伝いにかけつけることができない、といった事態が多く起こっている。乳児の定期ワクチン接種のための通院も母親を不安にさせる。第2子を希望しての不妊治療に通うこともなかなかできないという状況も問題となっている。

おわりに

　社会の理想的なあり方を模索するとき、「子育て」という切り口から考えるのはひとつの良策である。つまり、超少子高齢化社会となる現代社会で、子育て世代が住みやすい社会は、誰もが住みやすい社会だと考えることができるからである。2020年の初めから始まり2021年夏になっても収束の兆しを見せなかった新型コロナ感染が世界的に広がった影響によって、特に「社会的弱者」と呼ばれる人々にとっては、より深刻な状況が続いた。「社会的弱者」には、長期にわたる経済停滞の中で個人所得の減少や雇用の喪失により困難な財政状態にある人々、様々な病気を持つ人々、障害を持つ人々、生活に困難を抱えている人々が含まれる。社会情勢が急速に変化すれば、COVID-19パンデミックを含めた災害時に、これらの人々に大きな影響を与える可能性が高い。

【注】
1) PHCは、1978年、当時はまだソビエト連邦の一部であったカザフスタン共和国の首都アルマ・アタ（現：アルマトイ）で開かれた世界保健機関と国際連合児童基金、そして140ヶ国の代表による合同会議における宣言文、アルマ・アタ宣言で初めて定義づけられた。「現実的で科学的妥当性があり社会的に許容可能な方法論と技術に基づいており、コミュニティにおける個人と家族が彼らの完全な参加を通して普遍的にアクセス可能で、自己決定の精神に基づいて発展のすべてのステージにおいてコミュニティと国が維持することが可能なコストで提供可能な、必要不可欠なヘルスケア」とされている。

　つまり、PHC は、すべての人にとって健康を基本的な人権として認め、その達成の過程において住民の主体的な参加や自己決定権を保障する理念であり、そのために地域住民を主体とし、人々の最も重要なニーズに応え、問題を住民自らの力で総合的にかつ平等に解決していく方法論・アプローチでもある。いいかえれば、地域から世界へ、世界から地域へという双方のアプローチでもある。

　アルマ・アタ宣言では、健康教育、環境衛生、コミュニティに住んでいるヘルスワーカーの採用、母子保健、風土病対策（マラリア、日本脳炎、デング出血熱など）、一般的疾患への対策、必須医薬品、栄養の改善の 8 項目を基本的活動として提案した。

　PHC は、「すべての人々に健康を（Health For All by the Year 2000 and beyond）」イニシアティブの目標達成の鍵として WHO 加盟国によって承認された。この概念は他のセクターにも用いられるようになり、1990 年にタイで開催された世界教育フォーラム「万人のための教育（EFA: Education for All）」会合で決議された「万人のための教育宣言」及び「基礎的学習ニーズを満たすための行動の枠組み」などの世界潮流となり、SDG4-Education 2030 にはユネスコが主導機関となる。

【課題】

母子健康手帳は市町村によって違います。見ることができれば、比較して分析してください。自分が乳幼児期のときの母子健康手帳を見せてもらうことができた人は、何か気づいたことはありますか？　妊娠中のお母さんの気持ちがわかる、察することができるような記述がありましたか。どのようなことが書き込まれていましたか。

【読書案内】

中村安秀『海をわたった母子手帳―かけがえのない命をまもるパスポート―』旬報社、2021 年

　著者は、大阪大学名誉教授、2018 年より日本 WHO 協会理事長。1986 年から JICA 母子保健専門家としてインドネシアに赴任。パキスタンでアフガン難民医療に従事するなど、途上国の保健医療活動に積極的に取り組む。日本で生まれた母子手帳を海外に広めた功績により 2015 年に第 43 回医療功労賞を受賞。「国際協力」「保健医療」「ボランティア」をキーワードに研究や教育に携わっている。

野田真里編『SDGs を問い直す―ポスト／ウィズ・コロナと人間の安全保障』法律文化社、2023 年

　国際開発学会「持続可能な開発と SDGs」研究部会の成果として刊行された。グローバル化が進展する中、様々な脅威が国境を越えて、直接人々に対してふりかかっている。現在、世界に深刻な影響をあたえている新型コロナウイルス・パンデ

ミックは、こうした脅威がまさに人類共通の地球規模課題であり、もはや世界の片隅の「貧しい国々」の出来事、いわば「他人事」ではなく、我々自身が直面する「我が事」であることを痛感させている。

　本書執筆の大谷順子と北村友人も分担章を執筆している。

大谷順子『国際保健政策からみた中国―政策実施の現場から―』九州大学出版会、2007 年

　九州大学アジア総合政策センターによる九大アジア叢書の第 8 巻として刊行された。著者の世界銀行、世界保健機関（WHO）勤務時代の経験をもとに執筆。MDGs の各テーマに中国政府や在中国の各国連機関と一緒に取り組む各機関の職員によるコラムも掲載。感染症（第 3 章）における 2003 年に流行した SARS に関する記述は、2020 年からのポスト／ウィズ COVID-19 を生きる私たちに示唆を与える。

【参考文献】

大谷順子（2011）「グローバル・ヘルス」『グローバル人間学の世界』中村安秀・河森正人編、大阪大学出版会

小笠原理恵（2019）『多文化共生の医療社会学』大阪大学出版会

勝間靖編著（2012）『テキスト 国際開発論―貧困をなくすミレニアム開発目標へのアプローチ―』ミネルヴァ書房

小松悟（2019）「SDGs 時代における発展途上国の母子保健課題を考える」『多文化社会研究』5: 385-400

齋藤いずみ（2014）『改定新版 母性看護学―役立ち楽しめる構成と内容に挑戦』放送大学教育振興会

高橋鎌造・野村真利香・堀内清華・三浦宏子（2017）「Global policy directions for maternal and child health in the SDG era（SDG 時代の母子保健の世界的政策方向性）」『保健医療科学』66(4): 395-401

つながる.com（2012）『被災ママ 812 人が作った 子連れ防災手帖』メディア・ファクトリー

中村安秀（2018）『地域保健の原点を探る―戦後日本の事例から学ぶプライマリヘルスケア』杏林書院

永田雅子（2017）『新版 周産期のこころのケア―親と子の出会いとメンタルヘルス』逸見書房

コラム2　UNESCOによる包括的性教育（CSE）

　人口高齢化が進むとともに、妊婦の高齢化が進み、ハイリスク妊婦も増える傾向にあるとされる。高年齢のハイリスク妊婦の多くが準備、管理されて出産を迎えることができるのとは反対に、若年妊娠の問題もある。妊娠出産の中には、さまざまなものがあり、リスクの低い妊娠出産もあれば、若年妊娠、また、高齢出産・ハイリスク妊婦のような妊娠出産もある。後者の場合、おなじハイリスクの周産期で長い入院生活を共にした母親たちは、出産後の子育てでもある意味、同志となって退院後も人間関係が続くことも珍しくない。しかし、前者の場合、ひとりで困難に直面することも多い。

　若年妊娠についてみるとき、「ゼロ日死亡」の問題も有意につながってくる。若年妊娠では、予期せぬ妊娠、望まぬ妊娠もあり、新生児のゼロ日死亡が発生する背景ともなっている。ひとりでトイレや公園で新生児を産み落とし、育児放棄し（つまり、産んだが育てることができず）、出生した日に亡くなってしまう例は一定数、報告され続けている。

　若年妊娠や赤ちゃんの虐待死のリスクなどに取り組んでいる保健師たちの話を聞くと、「共感性」というキーワードが浮かび上がってくる。

　イギリス、ニュージーランド、スウェーデンなどでは20歳未満の人口妊娠中絶率の高さが問題になっており、特にイギリスでは14歳以下の中絶が深刻な状況である。

包括的性教育（Comprehensive sexuality education: CSE）

　日本においては、性教育がどのように行われているか。統一された基準がなく、教育現場の実態はあいまいで、自治体、さらには学校によって、あるいは担当する教員によってかなり差がある。取り扱う科目は、保健、道徳、技術家庭、倫理、理科など多様であり、まったく行われない学校もある。

　一方で、国連教育科学文化機関（UNESCO：ユネスコ）が主となって、国連人口基金（UNFPA）、世界保健機関（WHO）、国連合同エイズ計画（UNAIDS）など国連機関とともに刊行した『国際セクシュアリティ教育ガイダンス―科学的根拠に基づいたアプローチ（International Technical Guidance on Sexuality Education: ITGSE）』の改訂版が2018年（初版は2009年）に出版されたことにより、学校教育現場での取り組みの指針として用いられることが期待される。これから、小学校、中学校、高校などの教育現場での取り組みに変化がみられることを注視していきたい。

　包括的性教育（CSE）は①人間関係、②価値観・人権・文化・セクシュアリティ、③ジェンダーの理解、④暴力と安全確保、⑤健康とウェルビーイング（幸福）のためのスキル、⑥人間のからだと発達、⑦セクシュアリティと性的行動、⑧性と生殖に関する健康、の8項目からなり、それぞれについて5-8歳、9-12歳、12-15歳、

15-18歳以上という年齢4区分別に学習要領が示されている。そして、各項目を通じて、自分を大切にすること、確かな情報に基づいて自分で決定すること、多様性と包摂の重要性が強調されている。

CSEは、生徒に性生活において適切で健康的な選択をするための知識、態度、スキル、および人として尊重される価値を与えることを目的としたカリキュラムに基づく性教育指導方法である。本来の意図は、この理解により、生徒がHIV（ヒト免疫不全ウイルス（Human Immunodeficiency Virus）の略で、エイズウイルスのこと）やHPV（ヒトパピローマウイルス（Human Papilloma Virus）の略で、「子宮頸がん」の原因とされるウイルスのこと）を含む性感染症に将来感染するのを防ぐこととされる。しかし、それをはるかに超えて、人が生きていくうえで大事なスキルを身につけることにもつながってくるものである。

日本では、性教育が家庭ではほぼ行われておらず、インターネットにおける情報が氾濫する中で、自分を犯罪から守り、望まない妊娠を回避するため、また将来、大切な人と人間関係をつくるためのコミュニケーション能力をつけるためにも、CSEの取り組みを教育現場に取り入れることが望まれている。

日本では、学校で性教育を行うことに、「「寝た子を起こす」必要はない」という意見がある。一方で、性教育を行うことで、無知でいるよりむしろ慎重になる、という研究結果もある。

性教育後進国と言われてきた日本でも、近年、ユネスコなどのCSEの推進により、新たな動きもみられる。2020年には、大阪でも小学校で、「プライベートゾーン」の説明（水着を着ている子どもたちの絵を示し、プライベートゾーンとは水着で隠れるところのことで、人に見せたり触らせてはいけないと説明）や「NO」と言えることが大事であることを教える取り組みが開始されたことがNHKニュースで取り上げられた。

一方で、オンライン世界のリスクにさらされる10代の増加、コロナ禍において居場所をなくしたなど様々な理由での10代妊娠の報告も増えたことは、学校保健・健康教育の専門家たちなどから注視された。

2020年7月にLancet誌に掲載された「ポストコロナ時代の学校の役割を再考する」という論考（Colao et al. 2020）では、コロナ禍での休校が子どもたち、青少年の健康に与えた心理的影響や、さらに、さまざまな影響について論じている。特に社会経済層（SES）指標の低い家庭の子どもたちには、教育だけでなく、栄養や健康のニーズにも影響があること、また、家庭で親からの支援が受けられないこと、遠隔授業へのアクセスなどに見られる不公平の問題なども挙げている。学校が教育を超えて、子どもたちの社会化に大事な場であることも論じられた。さらに、「健康リテラシー」が教育カリキュラム、具体的には理科・科学、また課外活動などに盛り込まれる必要があることを述べている。

さらに、Lancet誌掲載の別の論考（Burzynska & Contreras 2020）では、コロナ禍の休校におけるジェンダーから見る影響を述べている。10代の少女たちにお

いては休校により、性的搾取を受けるリスクが上がる。その結果、男子より女子の
ほうが学校を辞めてしまうことになる率が高いということが警告されている。
　『教科書にみる世界の性教育』（橋本ら編　2018）では諸外国における CSE の現状
に関する調査結果が掲載されている。フランスでは 2011 年に生物の教育課程基準
が変わり、生理学的側面だけでなく、性の多様性や性の快楽の側面、生命倫理を含
む性の社会的側面なども扱われるようになった。公立中学・高校の場合、各地域に
ある、青少年向けカウンセリング組織（ファミリー・プランニング）からの出前授
業によっても性教育が行われ男女一緒に授業を受けることが多い。保護者からの問
い合わせや抗議に備えて、必ずスクールナースとペアで行われる。すなわち、性教
育バッシングが起こることも想定して対策を取りながら、深い内容まで教えてい
る。国際比較により、なぜ日本では同じような方法がとれないのだろうか？という
疑問が浮かび上がる。

若年妊娠
　次に、若年の妊娠、出産、育児について考える。若年妊娠は、日本では、20 歳
未満、すなわち 10 代での妊娠を指す。その背景にどのような社会事情があるのか。
　若年妊娠とは、単に、女性の人生でいつ子どもを産むか――高齢出産か、その対
極にある選択か――ということではない。生物的に子どもを産むことができるかど
うかと、社会的に子どもを産み育てていくことができるかは全く異なる。また、出
産に関して、いつが適当なのか、ということにはズレもあるようだ。産婦人科医が
「25 歳までに産んでほしい」と言う一方で、日本では初産の平均年齢が 30 歳を超
え、いまや高齢出産と線引きされる 35 歳以上が初産というのは珍しくない時代で
ある。特に、選択の多い現代社会で、勉強をして、キャリアも積みながら、そして、
100 歳まで生きるであろう皆さんの世代にとって、"year" と "age" の観念は、昔
のそれとはかなりズレがあるのではないだろうか。
　2017（平成 29）年度に、日本で 10 代の女性が行った人工妊娠中絶（以下、中
絶）は年間 1 万 4,128 件に上る。1 日あたり約 40 件の中絶が行われている計算に
なる。他方で、10 代の母による出生数は 9,898 件である。つまり、10 代の女性が
妊娠した場合には、出産よりも中絶を選択する割合が高いと言える。中絶のできる
週に間に合わずに出産した数も含まれているだろう（「平成 29 年人口動態統計」
「平成 29 度衛生行政報告例の概況」）。こうしたデータからは、10 代の妊娠の場合
は「意図しない妊娠」が多いことが示唆される。
　中絶と出産、どちらを選択するにせよ、10 代の妊娠は「妊娠したのは自己責任」
「淫らなことをしている」と批判されたり、タブー視されたりすることが多い。し
かし本当に、若年妊娠は自己責任と言えるのだろうか。
　日本では、性教育が十分に行われておらず、ネット上には誤った情報が氾濫して
いる。そうした情報をもとに「避妊したつもり」になっている人々もいる。さらに
日本では避妊法も限られている。

　とりわけ中高生の場合、まだ学校と家庭が世界のすべてのように思える環境であり、そこで認められないと、自分の存在を認めてもらえる居場所がなくなってしまうように思える。そうすると、「自分は誰かに必要とされている」ことを実感したいと考え、性的な関係に踏み切ることもある。意図しない若年妊娠の背景には、社会的な孤立や自己肯定感の低さ、そうした状況に起因する性暴力などが隠れていることがある。しかしそうした事情にかかわらず、意図しない妊娠をした女性たちは突如として、中絶や出産という重い選択を迫られる。

　未成年の場合、経済的に自立するのが難しく、心身ともに発達段階にあるがゆえに、妊娠後の選択は家族をはじめとする周囲の大人たちや、パートナーの意見や態度に大きく左右される。たとえば、「高校を卒業して、進学あるいは就職してから結婚をする」というレールの通りに生きていくことを「正解」として、親が出産に反対することもある。周囲の環境や価値観によって、本人が望む選択をできないことがある。

　また出産と中絶のいずれを選ぶにしても、その負担は当事者の女性たちに押し付けられていると言わざるを得ない。

（大谷順子）

【参考文献】

橋本紀子、池谷壽夫、田代美江子編著（2018）『教科書にみる世界の性教育』かもがわ出版

Burzynska, K. & Contreras, G. (2020) Gendered effects of school closures during the COVID-19 pandemic, Lancet, 395(10242):1968
DOI: https://doi.org/10.1016/S0140-6736(20)31377-5

Colao, A., Piscitelli, P., Pulimeno, P., Colazzo, S., Miani, A. & Giannini. S. (2020) Rethinking the role of the school after COVID-19, Lancet, 5(7) E370, JULY 01,
DOI: https://doi.org/10.1016/S2468-2667(20)30124-9

第3章
東京、上海、香港の独身女性の結婚、家族、道徳観

Lynne Y. Nakano

はじめに

　あなたにとって結婚とは何か。幸せに不可欠なもの？　無意味な紙面上の
単なる法的契約？　大人になるために取るべき人生の一歩？　あるいは、不
当に LGBTQ ＋を除外する制度？　結婚は女性の昇進を妨げ、女性を抑圧す
るものだと思うかもしれない。もしかしたら、これらの中にはあなたの考え
と一致するものがないかもしれないし、当てはまるものが複数あるかもしれ
ない。あるいは、あなたはまだ結婚について深く考えたことがないかもしれ
ない。
　2021 年 4 月に行った大阪大学における講義の折、学生たちに結婚について
どう思うか尋ねた。ある学生は「結婚すれば幸せになれるはずだ」と答えた。
別の学生は「結婚は人格形成をするために必要なものだ」と回答した。また、
「配偶者はアザー・ハーフ（自分にとって必要不可欠な愛すべき人）だ」、「結婚
は人生におけるひとつの選択肢だ」、「結婚とは家族を作る手段のことだ」と
いう考えもあった。これらは、日本における結婚に対する考え方をよく反映
している例である。筆者が研究対象としてきた、東京、上海、香港を含めた
様々なところで、若者は結婚を人生における幸せと見なしており、家族とな
るための最良の方法、または、おそらく唯一の手段と捉える傾向がある。
　そこで、なぜ今、東アジア社会では女性の晩婚化がすすんでいるのか、と
いう疑問が提起される。この疑問について考えるために、独身女性が多く初
婚年齢が高い東アジアの 3 つの都市、つまり、東京、上海、香港の独身女性
にインタビューした。これらの 3 都市は独身者文化の中心地でもあるから

だ。例えば、1970年代から80年代にかけての日本では、女性は平均25歳で
結婚していたが、2011年に初婚平均結婚年齢が29歳に上昇し、2014年に
29.4歳となってから2020年現在まで横ばいで推移している（内閣府 2022）。
東京では、2020年の女性の初婚平均年齢は30歳を少し超えている（東京都福
祉保健局総務部総務課 2022）。2021年の香港では女性の初婚平均年齢は30.6歳
（Census and Statistics Department 2022a）で、上海では28歳前後である（He 2019）。
2020年の東京では30〜34歳の女性のうち約35.1%が独身で（東京都調整課
2022）、香港ではこの年齢層の女性の約46.3%（2021年）が独身であった
（Census and Statistics Department 2022b）。上海では、30〜34歳で独身の女性はわ
ずか19.4%であったが、2020年現在におけるこの数字（上海市統計局 2020）
は、30〜34歳の女性の2%未満しか独身でなかった20年前（上海市統計局
2011）と比べるとはるかに高くなっている。

1. 東アジアにおける結婚の特徴

　東アジアにおける結婚は、世界の他の多くの地域での結婚とは異なる特徴
をもつ。東アジアでは、台湾のみが同性婚を認めており、他の国々では概し
て認められていない。日本では、多くの自治体が同性パートナーシップ証明
書を発行しているものの、法的拘束力はない。
　また、東アジアでは婚外の出生届はほとんどない。日本では届を出された
出生のうち婚外のものは3%未満のみである。香港では出生の8%未満が婚
外で、中国に関しては公式に出された数字を見つけることが困難であるが、
その割合は同様に非常に低いと考えられる。対照的に、南米、ヨーロッパ、
北米では多くの独身女性が婚外の子どもを産んでいる。例えば、欧州連合
（EU）のほとんどの国では、婚外の出生率は30%を大きく超え、2018年のフ
ランスの婚外の出生率は60%である。また、東アジアでは同棲率が非常に低
い。日本では、男性のパートナーと一緒に暮らしたことがある18歳から34
歳の未婚女性の割合はわずか約7%である。世界の他の多くの地域では、
パートナーとの同棲率ははるかに高い。つまり、東アジアでは世界の他の地
域とは対照的に、晩婚化がすすんでいるだけでなく、パートナーとの同棲生

活もなく、子どもも産まない傾向が強い。

　東アジアでは、このような特徴により晩婚化が進むことが少子化問題に直結している。生産人口の減少により、経済を支える労働力が足りず、社会保障や高齢者医療制度が弱まる可能性があることを考えると、人口の少子高齢化は政府にとっても大きな課題である。

　有名な社会学者であるアンソニー・ギデンズ（1992）は、人々がより個人主義的になり、女性がより自由を持つようになったことで、西洋社会や世界中で晩婚化が進んできていると主張している。多くの社会学者が、晩婚は、社会的および金銭的安定が保障される一方で、人々の選択は制限されうるこれまでの家族構造が廃れた結果であると主張している。家族構造が変化しているという点に関してはさまざまな証拠がある。離婚率が上昇するに伴って、女性の大半は、教育を受け、仕事に関して以前よりも多くの選択肢を持つようになった。東アジアの都市部で、日常会話やソーシャルメディアの解説でよく耳にするところでは、女性の個人主義がより強まったことで晩婚化が進行しているという見解が一般的である。私が独身女性に関する研究を行ってきた東京、上海、香港では、独身女性は結婚相手に求める基準が高い、もしくは、結婚のためにわざわざ何かを犠牲にしたくないと思っている、と言われることが多い。

　しかし、この点に関する研究を行ったところ、この見解に問題があることがわかった。私は、この東アジア3都市で独身女性の生活を調査し、彼女たちが結婚をどのように捉えて独身でいるのかの結論に至った。東京、上海、香港では100人以上の女性にインタビューを行った（本調査を2001〜2009年、追跡調査として2010〜2019年）。インタビュイーと食事をしに外へ出掛けたり、余暇の時間を共に過ごしたりした。可能であれば、彼らの友人、パートナー、家族にも会った。この研究に参加した女性は、主に25歳から50歳の年齢で、そのうち約半分は高卒、約半分は大学教育を受けており、一部はさらに専門職学位を持っていた。上海と東京では、約半数が、その国の他の地域から都市に来た都市への移民であった。香港では、ほとんどの女性が香港生まれの香港人であった。3つの都市すべてで、私が出会ったほとんどの女性はホワイトカラー職に就いており会社での勤務をしていたが、上海では小売業や工場勤務の人も少しいた。

　私が3つの都市すべてで出会ったほとんどの独身女性は結婚を望んでいたが、適切な相手を見つけることに困難を抱えていた。また、これらの3つの都市では女性が結婚に対する異なる考え方をそれぞれ持っていることがわかった。上海では、女性とその家族が結婚について、家族や社会に対する一種の社会的義務として考えていることが多い。香港では、結婚は個人的な選択であり、女性にとっての選択肢の一つであると多くの人が考えている。東京ではほとんどの女性が、結婚は個人的な選択であるが、社会から期待されていることだと感じている。もちろん、これらの結婚に関する見解が各都市のすべての独身女性に当てはまるわけではないだろう。しかし、これらの都市のほとんどの人々は、個人的にはこの見解に共感しないとしても、社会全体の見解であるということに関しては同意するに違いない。

　これらの3都市は非常に異なる政治的、経済的、社会的制度の背景を持つにもかかわらず、女性の結婚に関して共通の課題を有し、晩婚化という類似した傾向を示していることは驚きに値する。上海は共産主義国における中央集権的な一党制政治システムの一翼を担っている。香港も中国の一部であるが、上海とは辿ってきた歴史と社会機構が全く異なる半自治区として発展してきた。香港は、旧英国植民地として英国の機関を継承し、1990年代から2000年代にかけて中国が経済大国として台頭する前の1980年代から、グローバル金融センターとして浮上してきた。2014年と2019年に若者主導の社会運動が起こったことに伴い香港の政治環境は厳しくなってきているにもかかわらず、香港の人々は中国本土よりも言論、報道、移動の自由を与えられてきた。上海や香港と同様に、東京もグローバルな都市である。東京は、日本の文化・経済・政治システムの地理的中心地である。中国とは対照的に、日本は民主的な政治体制を持っており、報道の自由が保障されている。しかし、東京は国内の他の都市と同様に、1990年代以降景気が後退している。2000年代に年率2桁の成長を遂げ、2010年以降は減速しつつも成長を続けている中国経済とは対照的である。

2.　各都市の国家政策

　国家政策は、3 つのどの都市でも家族制度を形成する上で非常に重要で
あった。中国の一人っ子政策として知られる計画生育政策は 1979 年に実施
され、特に都市部で積極的に導入された。この政策は 2015 年に改正され、夫
婦が 2 人目の子どもを持つことが許されるようになった。この政策は家族の
サイズを強制的に決めるものであり、ほとんどの家族は高齢の両親や祖父母
の世話を一人娘にさせるだけでなく、結婚して子どもを産むよう圧力をかけ
た。対照的に、香港は 1997 年に中国統治に復帰したため、この人口政策が
施行されたときはまだ英国の植民地であり政策は実施されなかった。代わり
に、香港の人々の生活に対する英国の植民地政府の選択的介入は、既婚か独
身かにかかわらず、女性が実父母以外も含めた家族の世話（ケア）と財政支
援を提供する責任を負う家族制度につながった。日本では、第二次世界大戦
の終わりにそれまでの家族制度が解体された後、男性優位の雇用文化が社会
を支える時代が始まった。このことは、一部の人々が 3 世代世帯を理想化す
る混合家族制度につながったが、現実には雇用の関係で、核家族、そして単
独世帯が一般的になっていった。戦後に発展した経済制度、社会制度におい
て、日本政府の税制政策（第二の所得者にも課税する）と十分な保育・社会
福祉政策の欠如が、女性が働きながらも家族の世話（ケア）に責任を持つこ
とが期待される家族制度を作り出してしまった。
　この章で取り扱った議論は、私の著書 *Making Our Own Destiny: Single
Women, Opportunity and Family in Shanghai, Hong Kong, and Tokyo*（Nakano
2022, University of Hawai'i Press より刊行）で論じたものである。本書で研究対象
とした 3 都市における家族制度をみると、独身女性の経験を方向づけるかの
ような女性の仕事や働き方が見えてくる。「女性に仕事を割り振る」という言
葉を使うにあたって、どの社会でも、家族は通常、親密さ、愛情、支援の構
成単位として機能するが、社会学者は家族の世話（ケア）の責任が割り当て
られる場所としても認識している。さらに、ケアの責任は通常平等に分配さ
れない。つまり、女性は通常、男性よりも多くのケア負担を担う。老人や病
人の介護であれ、子育てであれ、家族でケアを分担する際には、女性が世話

をする者となることが期待される。女性は男性には求められていない犠牲を求められ、家族は娘に対して経済的保証や住宅を、息子に対するようには積極的に提供しないというような男女不平等が生み出される。本研究では、3つの都市の家族が独身女性に仕事を割り振っており、また独身女性を大切にし、支援を提供していることがわかった。しかし、その方法が異なっていることもわかったので、本章で説明する。

　研究結果から結論を出すにあたり、私は私が会ったすべての人が異性愛者の指向をもつ、もしくは、誰もが結婚したいと思っているだろうと決め込んでいたわけではない。むしろ性アイデンティティと結婚観は多様であると思う。とはいえ、結婚は 3 つの都市すべてにおいて中心的な制度であり、結婚に対する彼らの見解に関係なく、すべての人に影響を与える。たとえ女性が結婚を期待していなくても、結婚観を形成しておく必要がある。例えば、3つの社会すべてにおいて、同性愛者でさえ、家族や社会からの期待に応じて子どもを生むために異性と結婚することもある。Cho（2009）の韓国での研究や Kam（2013）による上海での研究では、レズビアンの女性が家族を喜ばせるためにゲイの男性と結婚することを考えている例が挙げられていた。

　研究対象の 3 つの社会では、女性が独身のままでいる理由は似ている。現代の女性は以前よりも社会に参加する機会が多く、教育や仕事で活躍することが期待されている。同時に、彼女らは家族の世話（ケア）を最優先事項にすることが期待されてもいる。これらの矛盾と上昇婚（女性が自分よりも高齢で社会経済的立場の高い男性と結婚する、男性が自分より年齢と社会地位の低い女性と結婚する、という期待）の影響で、3 つの社会すべてにおいて、より高いレベルの教育を受けた女性は晩婚化し、年齢と教育レベルのために結婚市場ではむしろ差別に直面する。

　世界各国を対象とした調査では、人口統計学者の McDonald（2000）が、出生率が低い国の特徴として、女性が社会に参加する機会が増えていると同時に、家族の中で伝統的で支持的なジェンダーの役割を果たすことも期待されているということを示した。この特徴は、日本、韓国、中国などの東アジア社会で見られるものである。韓国の社会学者 Chang（2010）は、東アジアでは「圧縮された近代性」が見られると主張している。彼は、東アジア社会がヨーロッパや北米と比べてより短い期間で近代化を果たしたことが関係して

いるという。この近代化への短い移行の間に、家族は競争的な教育システム
を成功させるために子どもの熾烈な育成、男性労働者のための休息と支援の
推進、病人や高齢者の世話などの複雑な機能を割り当てられた。彼は、東ア
ジアの家族、特に女性は、人々が対処しきれないような複雑な機能を果たす
ことを期待されていると主張している。これは、家族から逃れるために人が
晩婚、離婚、子どもをあまり持たないことを選択することにつながる。To
（2015）による上海と香港の研究や Yoshida（2017）による日本での研究など特
定の都市を対象とした研究でも、女性が結婚相手を探す際に差別に直面し、
結婚におけるジェンダー役割の期待により結婚が多くの女性にとって魅力的
なものでないために晩婚化が進んでいると主張されている。社会学者の山田
昌弘（1999）は、日本における独身者の増加は戦後の日本経済の変化によっ
て生じたものであり、未婚の若者が結婚は生活水準の低下につながり、両親
と同居を続けるよりも魅力的ではないと考えるようになったためだと主張し
た。東京、上海、香港の研究では、女性は働きながら家族を持ちたいという
彼女の願望を支えてくれるパートナーを見つけることができていないことが
わかる。要するに、世界中で独身の人が増えていることに関する研究から、
女性は家庭の外で働きつつ家族の複雑な機能を管理することが要求されるな
ど、以前よりもプレッシャーを受けており、結婚になかなか踏み切れないの
だとわかる。

（1）結婚の 2 つのモデル

　私は 3 つの都市での研究から、結婚に対する 2 つの異なる捉え方、つまり、
「結婚モデル」を見つけた。これらのモデルを適用することで 3 つの都市で見
られるさまざまな違いをよりよく理解することができる。片方のモデルを
「義務モデル」と名付けよう。このモデルでは、予定通りに結婚することに対
するプレッシャー、パートナーの社会経済的立場や結婚直後の出産の重要
性、女性がケアを担い男性が収入と住宅を提供すべきなどという夫婦生活像
が含まれる。もう片方は、「コンパニオン（連れ）モデル」と名付けよう。こ
れは、結婚へのプレッシャーや「何歳までに結婚しなければいけない」と
いった結婚の年齢的リミットが少なく、パートナーを選ぶ際には個人の好み
やパートナーとの互換性（compatibility、分かり合える価値観）に重点を置

表3-1　結婚の義務モデルとコンパニオン（連れ）モデルの比較

義務モデル	コンパニオン（連れ）モデル
結婚することに対するより大きなプレッシャー	結婚へのプレッシャーが少なく、結婚の年齢的リミットに対する懸念が少ない
結婚の年齢的リミットに重点を置く	結婚するかどうかに関する個人の好みに重点を置く
パートナーの社会経済的地位に重点を置く	パートナーを選択する際の互換性（compatibility、分かり合える価値観）に重点を置く
結婚後すぐに出産	結婚の主な目的は、自分の幸福を増やす事であるという信念
男女の役割分担を含む夫婦生活（女性がケアを担当し、男性が収入や住宅を提供する）	

き、結婚の主な目的は自分の幸福を高めることであると信じているモデルである。どちらのモデルも3つの社会すべてに存在しているが、上海では義務モデルが比較的強く、香港ではコンパニオンモデルが圧倒的に一般的であることがわかった。東京では、両方のモデルが見られた。

（2）3都市で出会った女性の具体例

　この3都市で結婚がどのように捉えられているかを議論するために、各都市で出会った女性を紹介しよう（人名はすべて仮名）。私は、これらの女性のいずれも、各社会における女性の代表的見解であると言うつもりはない。それぞれの女性は自分自身の見解を述べているだけである。しかし、女性たちの話から、3つの都市において独身女性がどのような経験をしてきたのかわかるだろう。

上海① ジョイス

　上海では、街中のカフェでジョイスという女性と話をした。彼女は当時26歳で、財務記者として働いていた。彼女は故郷の学校で優秀な成績をおさめ、有名な大学に通うために上海に来ていた。彼女は結婚を急いでいなかったが、両親が突然彼女に結婚を迫るのではないか、そうなれば、目の前の男性と早急に結婚するはめになるのではないかと恐れていた。ジョイスは明らか

にパートナーを望んでいるが、特定の条件を満たす男性と結婚したいと思っているという点で、結婚の「義務モデル」の見解を持っていると考える。彼女は、「私は結婚が私の人生を幸せな方向に変えるとは思わない。むしろ、実際は人生を難しくするかもしれない」と言った。彼女は結婚している彼女の友人が必ずしも幸せではないことを知っている。彼女の友人の何人かはすでに結婚し、離婚している。彼女は、その家族が自分の家族と同じ経済的背景を持っている男性を見つけたいとも話した。「私たちの経済的背景が異なったら、多くの問題が発生します。例えば、上海では地価の高騰が典型的な問題となっていますが、結婚して家を購入する時に誰が支払うのか、といった問題です」。彼女は結婚の基準として互換性（compatibility）を強調した。彼女はまた、社会的地位や名誉が重要であると言った。「私たちは共通した興味を有し、一緒に物事を行うことを楽しめないといけない」とも述べた。そして、「少なくとも身長が 170 センチないといけないし、私よりも年上でないといけない。私より 10、20 歳年上でもかまわない。彼がいろいろと教えてくれるはずだ。例えば、いかにして都会で生きていくかといったことや、いかにして仕事をするかといったことである。彼にそういったことを教われば生きやすくなるに違いない。結婚は気持ちを満足させるだけでなく、生活をよくするものでないと」と彼女は言う。

上海②　サラ

　続いて、サラ（34 歳）の例を挙げよう。彼女は絵画を販売する仕事が成功し、小さなアートギャラリーをオープンした。彼女は自分に連れ添ってくれる男性と結婚したかったが、同時に、リーダーシップを取ってくれる男性がいいとも考えていた。「結婚は憧れであり、してみたいと思いますが、残念ながら、私はまだこの人だと思える人を見つけていません」と彼女は言った。若い男性と結婚したいかどうか尋ねると、彼女は「別にそうは思わない。私は男性に頼っていたいという昔ながらの考え方を持っているの」。サラは愛し尊敬する人としか結婚したくないと考え、また、男性が経済的にも社会的にも彼女より優れていることを期待していた。

香港① ナンシー

　香港では、先に述べたように、「コンパニオン（連れ）モデル」を希望する
女性が圧倒的に大多数である。このモデルでは、女性は「男性が自分にとっ
て適切な連れとなるなら結婚する」と言う。これは、香港の女性が男性の収
入を気にしないということを意味しているわけではなく、彼女たちは男性の
収入が自分のものよりも低いべきではない、とは考えている。しかし、香港
の女性は一貫して、幸福が結婚の最も重要な基準であると言った。例えば、
ナンシー（33 歳）は、次のように述べている。「友人は 8 歳年下の彼と付き
合っていますが、私はもっと保守的な考え方を持っています。もっと成熟し
ている年上の人で、良い社会的地位にあり、良い職に就いている人がいい。
彼が大学に行ったかどうかは問題ではないと思う。パートナーとして彼を受
け入れられるかどうかは、彼が誠実であるかどうかと知識か豊富であるかど
うかに依存します。しかし、最も重要なのは、一緒にいるときに非常に幸せ
であるかどうかということです」。

香港② ローダ

　香港で出会ったローダ（44 歳）は、大きな慈善協会で取締役として働いて
いた。「香港の女性が結婚したがっていないというのは正しくありません。む
しろ、結婚する機会がないだけなのです。私たち香港の女性は仕事に多くの
時間を費やしており、財政的、社会的レベルが同程度の男性を見つけること
ができません。自分より低いレベルの人とデートするのは簡単なことではな
いと思います。最初は気にしていなくても、じきに、日常生活の中で問題が
生じるでしょう」。ローダは、財政的、社会的レベルだけで男性を判断して結
婚しようとは考えていなかった。彼女は結婚により幸せになることを期待し
ていた。

香港③ メイ

　私はもう一人の女性からも話を聞いた。1950 年代生まれのメイである。彼
女は、私が香港で出会った多くの年配の女性と同じように、自分が若さとい
う点では魅力に乏しいことも、結婚せずに生き残ることができることも知っ
ていたので、お金を無駄にしないために結婚しないと言った。彼女は「私は

自分にふさわしい人と結婚したいです。私は多くのラブ・ストーリーを読ん
できたので、結婚に対してロマンチックな考えを持っています。まず、私が
彼を愛していることが条件です。もし私が彼を愛していないなら、彼のこと
は結婚相手には選びません。私はまだそれくらい愛せる人に出会ったことが
ありません」と述べている。

東京① エミ

　東京では、義務モデルとコンパニオンモデルの複合型と言える例と出会っ
た。多くの東京の女性は、子どもが欲しいから結婚したいと言っていた。し
かし、多くは、ふさわしい人と出会った場合にのみ結婚すると言った。エミ
（29 歳）は、大手ホテルチェーンの営業チームで働いていた。彼女は「私の未
来は不確実です。結婚しなければ一人では先に進むことができないと感じて
います。女性が仕事を続けて生計を立てていくというのは可能でしょうか。
女性であるからには子どもを育てたいです。なにか絶対的な保証が欲しいで
す。たとえ彼が私より収入が少なくても、2 人で一緒に人生を作る方が良い
と思います。老後の問題もあります。私が老後に独身だったら、私の世話を
してくれる人はいないでしょう」。東京で出会った多くの女性が、子どもを持
ち安定した生活を送るためには結婚が大切だと感じていた。

東京② 里美

　里美（33 歳）は、「結婚して子どもがほしいとずっと思っていました。最初
は 30 歳までに子どもを産めたらと思っていましたが、年を取るにつれて自
分の中で考える年齢の期限が上がりました。今は 35 歳までに子どもを持て
たらと思っています。結婚が女性にとっても男性にとっても最高の幸福の源
だと思います。私自身は 4 人家族で育ちましたが、それは私にとって良いこ
とだったので、家族を持つべきだと思います」と言った。この考え方のよう
に、家族を始めるために結婚するという考え方が、東京では広く普及してい
た。

(3) 3 つの都市における異なる結婚モデルの説明

　筆者は、なぜ 3 つの都市で独身女性の結婚に対する捉え方に違いが生じる

のか困惑を覚えながらも考えた。本研究ではこの質問に答えるために、
Burawoy（1991）によって開発された「拡張ケーススタディアプローチ」と呼
ばれる手法を用いた。この手法は、従来の説明を疑問視する方法として、類
似したケースの違いを見ていくものである。この手法を用いて、これら 3 つ
の社会が家庭内で仕事を分担するやり方は、それぞれの場所で異なっている
こと、さらにこれらの相違が、女性が独身であることを選択するまでの決定
にとても重要であることがわかった。

　上海では、結婚が子どもと高齢者を養うための世代間関係への唯一の入り
口であるため、重要視されている。結婚を通じて上海の女性は、祖父母が幼
い子どもの世話をしている間に中年の夫婦が働くことができるという世代間
家族の一員となる。また、夫婦は両親の老後にはその介護の責任を負う。結
婚は、女性が家族を支える世話（ケア）関係に入ることができる唯一の方法
であり、ゆえに結婚は親孝行と見なされる。

　香港では、家族を世話（ケア）する手段は結婚だけではない。結婚は女性
が夫とその家族にケアを提供することにつながる。しかし、独身女性は既婚
の姉妹よりも両親を介護することに適しているので、独身であることは出生
の実家と拡大家族の世話をする手段となり得る。その結果、結婚は家族を世
話（ケア）する義務と矛盾せず、香港では倫理的で受け入れられる選択と見
なされる。

　東京では、結婚が母と育児者になるほぼ唯一の道である。これは、独身女
性が妹や弟、姪、甥の世話をすることが多い香港とは対照的といえよう。し
かし、香港のように、東京でも結婚だけが高齢者介護への道であるわけでは

表 3-2　3 都市における結婚と世話（ケア）の関係および結婚の見解に関する比較

都市	結婚と世話（ケア）の関係	結婚の見解
上海	結婚は、世代間のケア関係への入り口	結婚は親孝行と見なされる
香港	結婚すれば夫とその家族にケアを提供することが求められる。独身であれば、出生家族と拡大家族の世話をすることが求められる	結婚は個人的な選択と見なされる（しかし、出生家族の世話をする義務がある）
東京	結婚は育児への唯一の道。独身であることは高齢者世話（ケア）への道	結婚は社会的責任（子どもを産むこと）と見なされるが、個人的な選択でもある

ない。日本では、古くは両親の介護を長男の妻が行うことが期待されてきたので、結婚は高齢者介護への唯一の道であった。しかし、今日では、高齢者介護の負担はしばしば家族内で見直され、独身女性も高齢の両親の介護を担う候補者となりうる。その結果、東京や日本全体では結婚が子どもを産むための手段であり、社会的責任であると見なされているが、家族の世話（ケア）に対する責任を負わなければいけなくなるのは結婚した後だけではない。

(4) 独身女性、家族の責任と道徳的価値

　ここ数十年、グローバル経済システムの下で家族の役割が増えている。「ネオリベラル（新自由主義）」と呼ばれるこの制度は、1990 年代から広く普及している。この制度は、政府が市民に総合的な社会福祉を提供するのではなく、個人や家族の自己責任を強調するものであった。この新自由主義福祉制度への移行は、1980 年代から 1990 年代にかけて中国で起こり、社会主義国家が社会福祉責任を国営企業から個人や家族に移した。日本では、1990 年代の経済再編の時代から、企業は家族形成への介入を減らし、国家は自己責任を強調してきた。香港では、個人は自律的であるべきと長い間強調され、中流階級の家庭が高学歴の子どもを生産し、高齢者の世話をすることが期待されてきた。東アジアの都市部におけるグローバル資本主義競争システムのもと、女性は家族の世話をすることを期待されている。同時に、女性は学校や職場での活躍も期待されている。女性に対するこれらのプレッシャーは、晩婚化、結婚の減少、出生率の低下につながる。

　前述のように 3 都市に住んでいる女性は大きなプレッシャーを受けている。それに加えて、「出生率の低下に責任がある」、また、「家族の世話（ケア）義務を怠っている」とも非難されている。中国では、独身女性はソーシャルメディア、テレビドラマ、さらには一部の政府機関によって否定的な言葉で表現される。独身女性は「剰女（*shengnü*）」と呼ばれ、結婚相手を過度にえり好みしていると批判される。医師になった女性や博士号を取得した高学歴の専門職に就こうとする女性は、ソーシャルメディアや日常会話で、もはや女性でも男性でもない「第三の種の人間」（*di san zhong* 第三種）と表現される。香港では、独身女性を表すために「残りもの」という言葉も使われる。「香港の女性」（*gongneui* 港女）という言葉は、既婚者と独身の両方の女性全

般を表すために使用されるが、この用語は、「香港の女性は唯物論的で自己中心的で、協力的な役割を果たすことに興味がない」という偏見を含んでいる。日本では、山田昌弘『パラサイトシングルの時代』（1999 年）刊行後、（女性に限らず）親と同居し依存している未婚者のことを、「パラサイトシングル」と呼ぶ。さらに、独身女性作家酒井順子が『負け犬の遠吠え』（2003 年）を出版した後、独身女性は「負け犬」とも呼ばれた。これらの出版物は、独身女性に関する否定的な用語を作成するつもりではなかったにもかかわらず、これらの否定的な用語が、独身女性を表現するためにメディアによって取り上げられるようになった。独身男性の数は独身女性の数を超えており、さらに男性の間でも晩婚化がすすんでいるにもかかわらず彼らは非難されることは少ない。

　これらのステレオタイプは間違っていると言えよう。3 都市での独身女性のインタビューによって、家庭内労働に抵抗する代わりに、ほとんどの独身女性が結婚を望み、家族に深く関わっていること、家族と一緒に家族の世話（ケア）義務に対処する新しい方法を見つけていることがわかった。3 つの社会すべてで、結婚は女性にとって道徳的に正しく、最も責任ある選択と見なされている。独身女性は、結婚しないということが自分勝手なことで、家族の責任に参加することを拒否した結果として社会では見なされてしまうとわかっており、これに対処するために、自分の価値を家族や社会に示す独自の方法を編み出していた。3 つの都市の独身女性は、実際にどのように子どもや家族を気遣っていることを示し、代わりにケアの責任を担って家族に貢献したかを説明した。

　上海で私が出会った独身女性たちは、自分たちがえり好みをする、寂しい、または無責任な人であると思われていることに納得していない。むしろ、自分たちは楽しい人生を送り、家族や国家に重要な貢献をしたと述べた。メアリー（35 歳）は上海の一般的な結婚年齢をすでに過ぎていた。彼女は結婚したかったが、まだふさわしい人に会っていなかった。上海では、女性は 30 歳までに結婚することが期待されているので、なぜ彼女自身と友人の多くが独身のままなのかを考えた。「上海の女性は優れています。自慢するつもりはありませんが、私たちは自分の家、自分の車を持っており、そして良い仕事に就いています。結婚はできません。若いうちにすぐに結婚する傾向があるの

は、高校を卒業して普通に就職をする女性だけだからです」。この彼女の意見
は、教育を受け成功した女性が、結婚する男性を見つけるのに苦労している
社会の変化を反映している。彼女は、晩婚は個々の独身女性のせいではない
と示唆している。彼女はさらに、彼女の世代の多くの女性とは対照的に、自
分は結婚制度を尊重しているので、独身のままだったのだと説明した。彼女
は「1970 年代から 1980 年代に生まれた上海女性、すなわち私と同世代の女
性たちは早く結婚し、その後すぐに離婚しました。彼女たちは結婚すること
に対し強い責任感を持っていません。もし結婚がうまくいかなければすぐに
離婚しようとします」と述べる。メアリー自身に子どもはいないが、子ども
は好きだから中国の子どもたちを助けたいと言っていた。「中国は金持ちと
貧しい人々の間の大きな格差があります。上海の人々は良い暮らしをしてい
ますが、中国国内でも学校に行くことができない子どもたちがいます。その
ような地域に行って、その子たちの先生になりたいです」。メアリーは、メ
ディアなどで扱われているような、利己的で無責任だという独身女性に対す
るステレオタイプとは対照的に、自身を倫理的な人物として見ている。彼女
は、結婚し子どもを持つこと以外にも女性が社会に貢献できる別の方法があ
ることを示唆している。

　上海で会計士として働くカレン（30 代前半）は、「私の家族は私を立派な人
物だと誇りに思っています」と述べた。「私の家族全員が私を誇りに思ってい
ます。兄姉たちは、『素晴らしい妹を持ったものだ』と言います。父は先日、
『私はお前が誇りだ』と言ってきました。『お前は平均的で、特別に賢いわけ
でもないが、お前が一番結果を出した。お前はいつも一所懸命に自分の最善
を尽くそうとしている』と」。彼女はさらに、「人々は私たち独身女性のこと
を不幸だと思っていますが、私たちは幸せです。私の叔母は『あなたが一番
美しくなった』と言います。私は 30 代ですがまだきれいです。私には未来が
あります。叔母の娘は以前は美しかったのですが、結婚し、やつれてしまい
ました。私はいつも叔母のために行動するので、彼女は私に感謝しています。
私は彼女に良くするように努めています。彼女が病気になった時は、車を借
りて彼女を病院に連れて行ってあげました」。カレンは独身のままだが、むし
ろ既婚の妹よりも高齢の家族の世話をしていると述べている。彼女は、結婚
しているかどうかは問題ではないと主張する。本当に重要なのは、家族のこ

とを気にかけているかどうかだ、と。

　香港では、独身女性は両親の世話をするという責任を取っていると理解されているため、独身のままでいることは道徳的な問題にはならなかった。香港では、独身女性が両親や拡大家族に経済的、社会的支援を提供することが期待されている。したがって、香港の女性にとって結婚は選択肢の一つと見なされているが、両親や拡大家族の世話をすることは必須であると認識されている。香港では、独身女性は一般的に「家族貢献」（広東語で *gayung* 家用）と呼ばれる毎月の支払いで家族に給料の 30〜50% を支払い、金銭的に貢献している。この支払いは、香港において、娘が両親を世話していることの象徴である。ジョージナ（31 歳）は、家族貢献として母親に月に約 3,000 香港ドル（43,000 円）を渡している。ジョージナは「一緒に暮らしていたときは、5,000 香港ドル（7 万円）を渡していました。この金額は自分で決めたものです。私は兄弟姉妹より多く稼いでいたので、「家族貢献」も彼らより多く出していました。しかし、収入が不安定になったことを機に、渡す金額を減らしました。私の姉は結婚したので、もうお金を渡す必要はありませんが、彼女はまだお祝いのような特別な機会に渡しています。私は、結婚しても今渡しているのと同じ金額を継続して渡すつもりです」。ジョージナは両親にお金を渡すことは彼女の道徳的義務であると説明した。彼女は、そのような価値観を持たない甥や姪と自分を対比した。「私たちは両親にお金を渡すべきだと感じて育ちました。私は妹の子どもたちのお金に対する考え方を見て、怒りを感じます。私たちの世代は両親にお金を渡しますが、彼らはむしろ自分たちが両親にお金を要求する権利を持っていると思っています」。ジョージナは、母親にお金を渡すだけでなく、食事を一緒にしたり、母親が病院に行くときに同行したりするなど、他の支援を通じても自分の道徳的基準を満たし、家族の中での自分の存在価値を確立している。

　アンジェラ（29 歳）は、イギリスの大学で修士号を取得した後、香港の美術館で働いていた。彼女は兄が支払いを免除されている間、母親に「家族貢献」を支払ってきた。「母は、私の兄が支払う必要がない間、私が彼女にお金を渡すべき理由について 50 分費やして私に説明しました。彼女は非常に横暴な女性であり、家族に関するすべての決定を行います。また、彼女は古い考え方を持っている人です。彼女は、兄は姓を維持するので支払う必要がな

く、私は結婚したときに姓を変更するので支払う必要があると言いました。結局、私は納得できませんでしたが、それでも彼女に従う必要があります。今、私は彼女に給料の 30% を渡しています」。多くの香港の家族では、娘は息子よりも多くの「家族貢献」を支払う。なぜなら、男性は結婚するための住宅を持たなければならず、娘は結婚すれば夫によって住居を提供されるため、それほど多くのお金を必要としないと考えられているからである。その結果、娘からの「家族貢献」は、香港の両親が息子の住宅費を補助することに使われているケースが多い。この慣行により、結婚せずに中年に達する女性の多くは十分な財源と住宅を持つことができない。

　香港の独身女性は、両親を病院に連れて行ったり、週末に両親と一緒に点心の昼食を食べるなど、家族に経済的、社会的支援を提供することがしばしば期待されているが、独身女性はこれらの支援を行うことによって家族や社会から尊敬を得られるとも感じている。

　東京では、日本政府が家族に最低限の社会保障給付を提供してきた。2000年に開始された介護保険制度は、高齢者に経済的支援を提供してはいるが、家族による協力と支援は依然として高齢者のウェルビーイング（幸福、健康に過ごすことのできるいのちの大切さ）にとって重要である。日本では、家庭において女性は育児や介護の責任を担うことが期待されている。東京の女性の多くは、子どもを持つ道徳的責任は感じていないが、必要ならば両親の世話をする責任はあると感じていると言っていた。東京でインタビューを受けた独身女性の多くも経済的に自立しており（実際は、そうでない人も多いともいわれる）、既婚女性とは異なり、他の人からお金をもらうことはないと言う。彼女らは誰にも頼らない。すなわち、東京の独身女性は、自分の親の介護をする責任を引き受け、自分の生活費は自分で稼ぐことによって、自分の道徳的価値を主張しているのだ。

　幸子（43 歳）は両親と東京で暮らし、建築事務所で会計士として働いていた。彼女は家族と話し合って、彼女が老後の両親の世話をし、家を相続すると決めていた。幸子は、自分が結婚すると、自分のあとに姪に家を渡す計画がややこしくなるかもしれないと言った。「もし私が結婚してパートナーより先に死んだら、夫はこの家を受け継ぐだろう。でも、私は私の姪に家を与えたい。私は他人の財産を手に入れることには興味がありません。他の人に

頼りたくはないのです」。彼女は家族を愛しており、彼らの介護をしているということ、結婚すれば彼女が望んでいるように姪を養うことができなくなるかもしれないことを強調した。彼女はまた、自身の生活に責任を持っているから、生活を支えてくれる人を見つけるために結婚するというつもりはないと強調した。

　恵（42歳）は東京で技術補助員として働いていた。彼女は結婚しないと決めた。彼女にはアジア中を旅行するという共通の趣味を持つ友人たちがおり、彼女が結婚した場合、この趣味を追求することをやめる必要がでてくる。また、彼女は老後の両親の面倒を見て、東京の実家を相続するようになるだろう。彼女には結婚している兄弟がいるが、両親とは恵の方が親しく、すでに彼らと一緒に住んでいるので、彼女こそ、両親を介護するのによりふさわしいだろうと感じていた。恵の家族が、両親の介護者として恵を選択したことは、一昔前の世代では長男の妻が義理の両親に高齢者介護を提供することが一般的であったことと対照的である。恵は家族の介護をする心構えができていたが、自分の将来についてもいくぶん心配していた。「両親が年を取り死んでしまったら、私は完全にひとりになるでしょう。いずれは一人暮らしに慣れることができると思いますが、それに慣れるまでの時間が心配です。その時のために、私は頼りにできるパートナーを持ちたいと思っていますが、それだけの理由で結婚するというのは理にかなっていません」。

おわりに

　3つの都市で私が出会ったほとんどの独身女性は、結婚願望を持ってはいたが、ふさわしい人を見つけるまで結婚するつもりはないと考えていた。しかし、独身女性は家族に貢献するべきだという考えに反対してもいなかった。彼女たちの多くは、家族の世話（ケア）に参加することで、社会や家族における女性としての自分の価値を示す必要があると感じていた。実際に、彼女たちの多くは、家族に対する奉仕義務の遂行に注力することによって、家族や社会の中での居場所を見つけていた。家庭における仕事を遂行することで独身女性は地位を確立し、一種の道徳的価値が与えられる。しかし、そ

れと同時にこのような家庭における仕事というものは、女性のジェンダーによる固定的な役割を理想化すると言えよう。さらに、独身女性とその家族は、今は独身であってもいずれは結婚すると思っており、多くの女性とその家族は、女性が長期的、あるいは永久的に独身である可能性に対して十分な準備ができていない。女性が家族に対する支援を提供しているのに、将来に対する財政的支援をほとんど受け取れなかったとなれば、財産所有を通じて莫大な富が生み出される社会における富の分配の不平等を家族が悪化させることとなる。

　独身の増加が自由な個人主義の結果であるという社会学者の見解は、過度に単純化されたものである。女性は以前よりも多くの選択肢を持っているが、私が会った女性は、家族に対する責任を認識して選択をしていた。私が3つの都市でインタビューした多くの女性は、彼女らが教育と仕事で成功を収め、自分自身と家族のための強力な財政基盤を確立するという家族の期待に応えようとしていたので、独身であった。独身女性は、家族、社会、国家への貢献を強調していた。私の研究では、多くの独身女性が家庭内での負担を拒絶するのではなく、そこでの役割を受け入れ、女性が家族のために貢献する新しい方法を編み出していた。

【謝辞】
本稿は香港政府・大学教育資助委員会（University Grants Committee）研究資助局（Research Grants Council）（プロジェクト番号：14609818）の助成を受けた。
（翻訳　大谷順子・玉田雪菜）

【課題】
「独身（Singlehood）」について、年代別に独身であればどのような生活をするか、どのような良いこと、あるいは不都合なことがあるのか、日本だけでなく世界のいろいろな文献やニュースを調べながら論じてください。

【読書案内】
上野千鶴子『おひとりさまの老後』法研、2007 年
　結婚していてもしていなくても、長生きすれば、最後はみんなひとりになる。社会学者で、自らも「おひとりさま」である上野千鶴子東京大学名誉教授による「おひとりさま」という流行語を作り出した話題作。

落合恵美子『21世紀家族へ（第4版）』有斐閣、2019年
　著者は京都大学教授。初版から四半世紀、第4版では、新たに2章を書き下ろしている。日本の家族は変わったのか。「家族の戦後体制」は終わったのか。アジア諸国の家族も視野に入れながら、21世紀初頭の現実をとらえ、今後の展望につなげるために、ますますパワーアップした家族社会学の基本書。

酒井順子『負け犬の遠吠え』講談社、2003年
　講談社エッセイ賞、婦人公論文芸賞受賞作品。未婚女性が自ら幸せだと言うと世間の反感をかうことに配慮し、「どんなに美人で仕事ができても、30歳代以上・未婚・子なしの3条件が揃った女は負け犬」だと甘んじてレッテルを貼られておいたほうが世間とうまくやっていける、と未婚女性の処世術を説いたことから転じて、30歳代以上の未婚女性のことを指す「負け犬」という流行語を作り出したエッセイ本。

【参考文献】

Burawoy, M. (1991) The extended case method. (Chapter 13) In: Burawoy. M. (Ed.) *Ethnography Unbound: Power and Resistance in the Modern Metropolis*, Berkeley: University of California Press.

Census and Statistics Department, Government of Hong Kong Special Administrative Region (2022a) Women and Men in Hong Kong - Key Statistics (2022 Edition). Retrieved from https://www.censtatd.gov.hk/en/data/stat_report/product/B1130303/att/B11303032022AN22B0100.pdf

Census and Statistics Department, Government of Hong Kong Special Administrative Region (2022b) Women and Men in Hong Kong - Key Statistics, Marriage, Fertility and Family Conditions. Retrieved from https://www.censtatd.gov.hk/en/EIndexbySubject.html?pcode=B1130303&scode=180

Chang, K. -S. (2010) *South Korea under Compressed Modernity: Familial Political Economy in Transition*. New York: Routledge.

Cho, J. (2009) Wedding banquet revisited: contract marriages between Korean gays and lesbians. *Anthropological Quarterly*, 82(2), 401-422.

Giddens, A. (1992) *Transformation of Intimacy: Sexuality, Love and Eroticism in Modern Societies*, Cambridge: Polity Press.

He, Q. (2019) Shanghai newlyweds' average age keeps rising. *China Daily*, August 8, 2019. Retrieved from https://www.chinadaily.com.cn/a/201908/14/WS5d534714a310cf3e35565921.html

Kam, L. Y. L. (2013) *Shanghai Lalas: Female Tongzhi Communities and Politics in Urban China*, Hong Kong: Hong Kong University Press.

McDonald, P. (2000) Gender equity in theories of fertility transition. *Population and*

Development Review, 26(3), 427-439.

Nakano, L. Y. (2022) *Making Our Own Destiny: Single Women, Opportunity and Family in Shanghai, Hong Kong, and Tokyo*. Honolulu: University of Hawai'i Press.

To, S. (2015) *China's Leftover Women: Late Marriage among Professional Women and its Consequences*. London & New York: Routledge.

Yoshida, A. (2017) *Unmarried Women in Japan: The Drift into Singlehood*. Abingdon & New York: Routledge.

東京都総務局統計部調整課 (2022)『東京都統計年鑑　令和 2 年：配偶関係 (4 区分)、年齢 (5 歳階級)、男女別 15 歳以上人口』Retrieved from https://www.toukei.metro.tokyo.lg.jp/tnenkan/2020/tn20q3i002.htm

東京都福祉保健局総務部総務課 (2022)『令和 2 年東京都人口動態統計年報 (確定数) のあらまし』Retrieved from https://www.metro.tokyo.lg.jp/tosei/hodohappyo/press/2022/03/14/documents/11_01.pdf

内閣府 (2022)『令和 4 年版少子化社会対策白書』Retrieved from https://www8.cao.go.jp/shoushi/shoushika/whitepaper/measures/w-2022/r04pdfhonpen/r04honpen.html

山田昌弘『パラサイト・シングルの時代』筑摩書房、1999 年

上海市统计局 (2011)〈上海人口的婚状况分析〉Retrieved from https://tjj.sh.gov.cn/tjfx/20111030/0014-234457.html

上海市统计局 (2020)《上海市人口普查年鉴 (浏览版)》中国统计出版社、Retrieved from https://tjj.sh.gov.cn/tjnj_rkpc/20220829/29affc5f21a942cc8ab73a3ge93c88s.html

第2部

支える

家族連れも観光客も多く見かけるファーマーズ・マーケット
ベビーカーで赤ちゃんと散歩していると、地域の人々が気軽に
声をかけてくれる。ニュージーランド・クライストチャーチに
て

第4章
日本における乳幼児期の子育て支援
——当事者研究・参与観察——

大谷順子

はじめに

　本章では、地域での子育てを経験している当事者として、筆者が大阪府の複数の市町村でのさまざまな子育て支援活動に参加した参与観察を踏まえ、書いてみることとする。子育て支援活動は、行政によるもの、企業によるもの、NPO 子育て支援サークルによるもの等様々なものがある。妊産婦むけ、乳幼児むけなど子育て支援・交流イベントもさまざまある。小中高校における乳幼児と母親とのふれあい授業などの多世代から求められる場もあり、地域の防災訓練など定められているものまで、多様である。

　この章では、異なる集団を対象とした様々な地域プログラムを通じて出会った新しい母親たちが不安に思っていること、その懸念についても紹介する。利用可能なプログラムや活動は自治体によって異なり、一部の母親は、コミュニティサポートプログラムの可用性に基づいて、どの都市に居住するかを選択することができる。これは、近隣でのコミュニティ支援が、現代日本社会における拡張家族の支援よりも大きな意義を持つかもしれないことを示唆している。

1. 参加事例

　筆者は子どもを乳幼児向け健康診断受診に連れて行ったり、保健所の看護師、地方自治体の保健部門で働く助産師、NPO などで働く助産師が運営する

さまざまな地域保健プログラムや、新しい母親とその赤ちゃんのための商業スポーツ施設が運営する様々なプログラムに参加した。

（1）公共イベント

　行政による子育て支援として、生後 1 ヶ月の時期に助産師による家庭訪問を受けた。この家庭訪問は、本来は保健師により行われるのであるが、A市の保健師から電話を受けたときに、悩みは母乳に関することと話していたため、実家のあるB市の助産師を派遣してくれた。この助産師にみてもらってすぐに、完全母乳に切り替えることができた。母乳に関するノイローゼになりそうな戦いがここで終わり、救われた。そして、4 ヶ月健診の前にも必須となる保健師訪問を受けた。この時には、保健師が助産師と共に訪れた。

　行政といろいろな団体が連携して企画されていたイベントにも参加した。市立体育館で開催され、そこでの各クラスを運営するスポーツ用品ブランドが提供していた新しい両親のためのベビーマッサージクラスにも数回、出席した。母子のみ参加のクラスに加え、父親も一緒に参加できるクラスもあった。ホテルで開催されていた「ベビー＆ママ・フェスティバル」にも参加した。歩くことができるようになる前という貴重な期間にのみ参加できるハイハイレースなど、動画を録るのにも楽しい機会であった。

　市の開催していた「赤ちゃんが来た！」という一連のクラスにも参加した。初めて母親になる人対象のクラスで、赤ちゃんを知ることを目的と掲げているが、同時に、同じ月に生まれた赤ちゃんを持つ母親同士を友達にすることも目的としていた。繰り返し会うことで、その後も連絡を取る間柄の友達になりやすいという考えが運営側にある。

　A市とB市の保健センターが提供する様々な月齢の乳児の母親のための離乳食クッキングクラスと、両市の子育て支援センターが提供する同様のクラスに参加した。小児科医による健康講義や、保育園看護師による健康講義、赤ちゃんのための手作りの絵本講座、Yoga with Baby クラスなど、いろいろと趣向を凝らしたクラスにも参加した。また、赤ちゃんのためのおもちゃを提供し、母親が集まっておしゃべりする企画にも参加した。その横で、看護師、助産師、栄養士、小児科医からのアドバイスを求める場所を提供しているものも多かった。これらの活動のほとんどは無料であったが、離乳食クッ

キングクラスなどは事前に電話で予約をする必要があった。コロナ禍で、多くのプログラムがキャンセルになり、開催されても、感染拡大予防対策のために、さらに人数制限がかかることになる。

　筆者は、市の 4 ヶ月などの定期健診のときに案内を受けたり、ホームページを検索してこれらの活動を見つけた。これらのイベントは、父親の参加も歓迎されていた。しかし、実際には父親が参加することはほとんどなく、母親のみが参加していた。数ヶ月に一度は、父親向けの週末のクラスを提供していた。

　育児支援に関して提供されるプログラムや活動は自治体によって異なる。特に病児に対する支援が異なるので、それに基づいて、どの都市に住むかを選択するという母親たちもいた。

(2) 商業イベント

　これらのコミュニティサービスタイプの活動の利用のほかに、商業的な活動に参加した。子どもが生後 4 ヶ月から 3 歳になるまでの間、スポーツジムでベビースイミングのクラスに出席した。ここでは、多くの「ママ友」ができた。さらに彼女たちと誘い合わせて他の市の単発のクラスやイベントなどに行くことにもなった。また、ベビー用品店が提供するイベントにも参加した。出産前のマタニティクラスは、母親よりも父親に沐浴の練習をさせ、赤ちゃん人形に授乳をさせ、重たいお腹を体験する重り衣を着てかがんだりする疑似体験をしてもらうものだった。母親はすでに身重の身体であるし、体重増加はいずれ体験することになるので、これは父親に体験してもらう、ということであった。これらのイベントは、潜在的な顧客を引き付けるものであり、母親だけでなく父親向けのイベントを開催することで、「お財布を握っている人」、すなわち、稼ぎ手であることが多い父親の購買意欲を促すものであった。これらのイベントは無料で、参加者はイベントの後に、試供品のほかに、店の割引チケットをもらった。

　子育てについて英語にするときは、child rearing と翻訳しているが、parenting という単語も使われる。前者は子どもに焦点を当てているが、parenting は親に焦点を当てているといえる。市の開催した子育てクラス[1]

で、NPO[2]から講師を招いた講義で「スター・ペアレンティング」という
テーマのものがあった。「スター・ペアレンティングの概論」における「5つ
のスキル」とは、(1) 良い行動をみつけだす，(2) 問題をさける，(3) 限度
を設ける，(4) 感情を認める，(5) 新しいスキルを教える、とされている。
講師はカナダでの日々から学んだ子育てのアイデアを紹介し、そこで、子か
親かという焦点の違いを考慮するよう促した。つまり、大事なことは、良い
親になる方法を学ぶということで、赤ちゃんを管理する方法を学ぶことでは
ない。parentingという言葉の中では、子どもを生物学的に産むだけで親にな
るのではなく、親になる方法を学んでいくのだということが強調される。
　これらの多くの活動にある仮定は、現代の都市にすむ親は赤ちゃんの世話
をする準備ができていないかもしれないし、政府を含む様々な支援組織の助

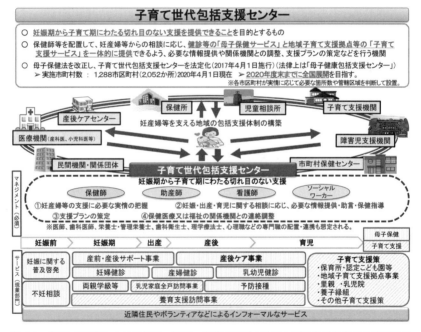

図4-1　「厚生労働省における妊娠・出産、産後の支援の取組」厚生労働省子ども家庭局母
　　　子保健課　令和2年

出典：内閣府男女共同参画局HPより[3]　https://www.gender.go.jp/kaigi/senmon/jyuuten_houshin/
　　　sidai/pdf/jyu23-03.pdf

けを借りずに子どもを育てる適切なスキルと知識を欠いているかもしれない
ということである。

　これは、病院や公共施設等を含む近隣でのコミュニティ支援は、現代、特
に都市部の日本社会における拡張家族の支援よりも大きな意義を持つかもし
れないことを示唆している。

　さまざまな子育て支援イベントの中で、主催者や運営側が違うと、公共に
よるものは社会福祉につなぐこと、母親の孤立を防ぐことなど、問題となり
そうなケースを早くから注視することという目的があり、企業によるものは
商品サービスの売り上げにつながる、個人情報の取得などのそれぞれ違う目
的がある。「企業の社会的責任（Corporate Social Responsibility: CSR）」、つま
り、企業が組織活動を行うにあたって担う社会的責任というものを果たすこ
とが期待できる分野でもあり、うまく利用していくとよい。

2.　超少子高齢化社会で子どもを持つ

　子育ては、若い世代が出産や育児の経験を身近にみる機会がないままだ
と、行うことがより難しくなる。若い新米の親は、乳児の育児という孤立し
た世界における突然のライフスタイルと環境の変化という課題に直面する。

　国立成育医療研究センターなどの調査によると、2015 年から 2016 年にか
けての日本での妊婦と新しい母親の死亡原因の主なものは自殺であり、全体
の約 30% を占めている。妊娠中または出産直後の女性の自殺率を全国的に示
す調査によると、女性の多くは出生後うつ病のために自殺したとみられる。
自殺の理由はさまざまであるが、妊娠と出産は家族にとって主要な出来事で
あり、当然のことながら心配を生み出す。

　親子が出産を通じて出会い、マタニティブルーと様々な不安を通じて親と
して成長するには 1 日や 2 日ではなく長い時間がかかるといわれ、周産期に
は、特に温かいサポートとメンタルケアが必要である。医学的には、妊娠と
出産自体は、母子の命を危険にさらすリスクを伴う。各妊娠の出生は、独自
の物語を持っている。考えられる要因の組み合わせには、予期しない妊娠、
望ましくない妊娠、妊娠中に検出された異常、妊娠を継続または終了する決

定、障害を持つ子どもを持つ準備、仕事に戻ることをあきらめる可能性、分娩中のトラブルによる障害、長い不妊治療後の妊娠、早産、死産などがある。

　助産師、看護師、産科医、小児科医、臨床心理学者などの専門家は、新しい命を守るということに幸せと不安を感じながら一生懸命働き、場合によっては戦っているという表現も適切な状態である。母親と子どもの多くは、地域社会で、地域の支援サービスを受ける方法を探してみる。少子高齢化社会となった日本の保健福祉制度は、様々な母親を支援しようといろいろな方策をとっている。地元のコミュニティには母親が話すことができるリソースがあるにもかかわらず、赤ちゃんを持つ母親が孤立してコミュニティに出てくることができない場合、つまり福祉側も注意を払う必要がある場合に、問題のある事件が発生することがよくある。

　父親もできることをするべきで、父親が参加の姿勢を見せることが母親に対する支えとなる。父親も参加するのが理想的かもしれないが、男女平等をいくら主張しても、赤ちゃんの母親と同じレベルで子育てをするのは難しいという現実がある。

　厚生労働省は、2017 年度に、出生後うつ病や児童虐待を予防するために、出産から 2 週間後と 1 ヶ月後に、臨床心理士による健康診断とカウンセリングを提供する自治体に資金援助を提供する新しいプログラムを開始した。新設の施設やプログラムは、新しい母親に他の母親に会い、互いの懸念や経験を共有し、情報を得る機会を提供した。これらのサービスは、駅の近くに位置するコミュニティセンターなどで実施されている。公共図書館の分室には、母親と子どものための、靴を脱いで座れるフロアスペースもある。児童書が豊富に取り揃えられて、好奇心をそそる絵本を手に取って母子が絵本を通じてコミュニケーションを図り、一緒に楽しく過ごせるような空間が工夫されている。これらのプログラムは、自治体によって資金提供されており無料である。

　幼稚園や保育所は、園児とその家族だけでなく、地域社会に貢献することが求められるようになった。多くの幼稚園では、月に 1〜2 回、近隣の母親と乳幼児が園庭に来たり、夏には水遊びを楽しんだりできるように園庭開放日を設定して、母親の子育てに関する相談にも乗ったりしている。これは、幼稚園に入園する潜在的な子どもたちをみつけるための良い方法でもあり、こ

のような取り組みは、win-win である。

　1965 年に公布された母子保健法は、長年にわたって繰り返し改正されてきた。2017 年の改正では、市政府が妊娠から子育て期間まで途切れない支援を提供しようとする、子育て世代包括支援センターの設立を合法化した。このセンターでのサービスは、保健師、看護師、助産師、ソーシャルワーカーらによって提供されている。2020 年 4 月 1 日より、1,288 の市町村が全国に 2,052 の施設を設置した。政府は、2020 年度に 17 億円の予算を割り当て、COVID-19 パンデミックの下でも 31 億円の補正予算を提案した。

　幼児と母親のためのこれらの多くの新しいプログラムは、仕事をしている女性の住む世界とは全く異なるように見える世界を生み出してしまう。出産して子育てしながら同じ町に住むとき、母親は、これまで住んでいた町の中で、今までとはまったく異なる世界の人々のつながりでできたサークルに遭遇することになる。ある女性は職場と子育ての世界の間を行ったり来たりしながら二重生活を送っているように思えると言った。

　　「私が出産して息子を育てていたとき、私はまだ同じ町に住んでいましたが、子育てを中心に展開する平行して走る他の世界（パラレル・ワールド）に住んでいるようでした。同じ町に住んでいるのに、不思議な感覚でした。」（メルボルン大学人口・グローバルヘルスセンター女性教授、2018 年 6 月）

　日本では、少子化対策の出産、女性の輝く社会、女性の経済活動への社会参加が促進され、現代日本の女性の多くが同時にいろいろなことを期待されている。出産と育児はキャリアと両立できるのか。出産や育児をしていない女性は、どのような社会で持続可能な共存ができるのかということも考えていく必要がある。

　妊娠中の女性は産科病院への入院中、子育て支援プログラムを通じて知り合ったほかの母親やその友人と、年齢に関係なく、出産時期が近いというきっかけで友達になることができる。お互いに心配事を相談したり、何度か会いながら子連れで参加できるイベント情報を共有したりする。近い月齢の子どもを育てながら、母親たちは大事な同志になる。

　第 1 章で述べたように、日本では、2017 年と 2018 年の母性死亡の主な原

因は自殺であった。7割の母親が、子育て生活の中で孤独を感じているというアンケート調査結果もある[4]。産後うつ病の主な原因には、複雑な母乳のトラブル、子育ての将来に対する不安、身体的疲労、ホルモンバランス、仕事復帰に完璧を求めるストレスなどがある[5,6]。

　超少子高齢化社会では、子育てをしているロールモデルを見る機会もなく、本物の赤ちゃんを見たこともなく母親になったり、子育てをしたりすることが多く、母親が困惑しやすい状況に関連しているとも考えられる。日本では、親になる機会が少ないのが現状である。筆者が2019年度から大阪大学全学共通科目で開講している講義では、履修生のほとんどが赤ちゃんを抱いたことがないと言う。

　繰り返すが、出産・子育ての機会を得て、同じ町に住んでいても、まったく違う世界が拡がっていることに気付き、まったく違う人々に出会うことになる。産院での入院中に知り合ったり、子育て支援プログラムなどを通して知り合った母親たちは、子どもの月齢が近いことから頼もしい友達になる。一方で、それぞれの家庭の事情などは根掘り葉掘り聞かない、相手が言いだすまで聞かない、立ち入らないという暗黙のルール、マナーが存在する。

　いわゆる「ママ友」たちは、年齢が近いこともあるが、たとえ年齢が離れていても、月齢の近い子どもを持ったおかげで、いろいろなことを共有する大事な友人になれたりする。学校でのクラブの先輩後輩や、会社での給与体系が年功序列になっていたり、他の国々よりも年齢を重視するのが日本だと思っていたが、母親同士の世界は年齢に縛られていなかったことも、筆者が体験してみて驚いたところである。子育て支援プログラムでは、ワークショップや交流会の時に、ファシリテーターは、参加者である母親たちのことをお互い「○○ちゃん」と呼ぶようにしたり、年齢が上の母親ばかり話さないといけない、若い母親が遠慮をする、ということがないように、母親の年齢に関係なく、赤ちゃんの母として交わることができるように配慮がなされている。

　疾患のある子どもをもつ親同士の関係においても、同じ疾患を持っている子であっても、それぞれ程度も違えば事情もあるので、立ち入らない。しかし、何度か顔を合わせているうちに気遣った声掛けや、情報をアドバイスしたりするような関係ができてきて、大事な同志になっていくこともある。

　少子高齢化対策もあって、子育て支援サポートは、多くの地方自治体の行政で若い子育て世帯を呼び込むためにも力を入れたいセクターであることが多い。

　産後、多くの支援があり、それに対応していく、参加していくだけで母親はかなり忙しい。一方で、産院から退院して、行政の保健師・助産師訪問などがひと段落すると、新米の母親は急に本当に一人で子育てをしなければいけなくなる。この時も、とてもつらい時期である。

　行政や産院の子育て支援サポートも子どもが 1 歳を過ぎれば急にその場が少なくなり、仕事をしていない母親たちは行くところがなくなる、という悩みもある。母親の気分転換だけでなく、ますます動くようになる子どもを家の中に一日中置いておくわけにはいかず、いったいどこに連れて行けばいいのかが課題となってくる。

3.　産後うつ病

　国立成育医療センターが、2017 年と 2018 年に自殺が日本の母体死亡の主な原因となっていることを示す新しい統計を発表したとき、多くのメディアの注目が集まった。日本での出産後 3 ヶ月以内のうつ病率は 10〜15% と報告されている（岡野 2000）。調査によると、日本では、70% の子育て中の母親が社会から孤立していると感じている。確かに、産後うつ病は、世界の国々で、少子高齢化によりさらに注目されるようになった問題である。

　英国の子どもの周産期死亡率は、出生 10 万人当たり 3.7 人（2015 年）、スウェーデン 4.7 人（2015 年）、日本 3.96 人（2016 年）である。しかし、周産期の母親の自殺率に関しては、英国で出生 10 万人当たり 2.3 人、スウェーデンで 3.7 人、日本で 8.7 人（すべて 2017 年）と日本で比較的高くなっている。

　日本の産後ケアの目玉として産後うつ病のスクリーニングが伴っていることは驚くべきことではない。新しい母親は、出産直後と 1 ヶ月後の検診の時点で、エジンバラ産後うつ病質問票（EPDS）を使用してスクリーニングされる[7]。病院の待合室のポスターやその他の情報資料は、幸せな出産後も、新しい母親が産後うつ病を経験することは珍しいことではないと示している。

　項目は10項目で、0，1，2，3点の4件法の母親による自己記入式質問票で、うつ病によく見られる症状をわかりやすい質問にしたものであり、簡便で国内外で最も広く使用されている質問票である。母親が記入後、その場でＥＰＤＳの合計点数を出し、合計30満点中、9点以上をうつ病としてスクリーニングする。

　実際使用する質問票の（　）内は空欄になる。

＊＊＊

産後の気分についておたずねします。あなたも赤ちゃんもお元気ですか。最近のあなたの気分をチェックしてみましょう。今日だけでなく、過去7日間にあなたが感じたことに最も近い答えに〇をつけてください。必ず10項目全部に答えてください。

１．笑うことができたし、物事のおもしろい面もわかった
（0）いつもと同様にできた（1）あまりできなかった（2）明らかにできなかった（3）全くできなかった

２．物事を楽しみにして待った
（0）いつもと同様にできた（1）あまりできなかった（2）明らかにできなかった（3）ほとんどできなかった

３．物事がうまくいかないとき、自分を不必要に責めた
（3）はい、たいていそうだった（2）はい、ときどきそうだった（1）いいえ、あまりたびたびではなかった
（0）いいえ、全くなかった

４．はっきりした理由もないのに不安になったり、心配したりした
（0）いいえ、そうではなかった（1）ほとんどそうではなかった（2）はい、時々あった（3）はい、しょっちゅうあった

５．はっきりした理由もないのに恐怖に襲われた
（3）はい、しょっちゅうあった（2）はい、時々あった（1）いいえ、めったになかった（0）いいえ、全くなかった

６．することがたくさんあって大変だった
（3）はい、たいてい対処できなかった（2）はい、いつものように対処できなかった（1）いいえ、たいていうまく対処した（0）いいえ、普段通りに対処した

７．不幸せな気分なので、眠りにくかった
（3）はい、ほとんどいつもそうだった（2）はい、時々そうだった（1）いいえ、あまり度々ではなかった
（0）いいえ、全くなかった

８．悲しくなったり、惨めになったりした
（3）はい、たいていそうだった（2）はい、かなりしばしばそうだった（1）いいえ、あまり度々ではなかった
（0）いいえ、全くそうではなかった

９．不幸せな気分だったので、泣いていた
（3）はい、たいていそうだった（2）はい、かなりしばしばそうだった（1）ほんの時々あった（0）いいえ、全くそうではなかった

１０．自分自身を傷つけるという考えが浮かんできた
（3）はい、かなりしばしばそうだった（2）時々そうだった（1）めったになかった（0）全くなかった

図 **4-2**　エジンバラ産後うつ病質問票（Edinburgh Postnatal Depression Scale: EPDS）

出典：東京都福祉保健局 HP　https://www.fukushihoken.metro.tokyo.lg.jp/kodomo/koho/youshien_guideline.files/youshien_guideline_2-2-2.pdf

　日本で使用される EPDS は、英国エジンバラのジョン・コックスによって
開発されてその後日本語に翻訳され、1996 年に導入された。様々な言語に翻
訳された EPDS は、日本の外国人母親を支援することを目的とした厚生労働
省の研究助成金により、日本産婦人科医会の母子メンタルヘルスケア
（MHCMC）のホームページに紹介されている。

　EPDS は、支援が必要な母親を支援するだけでなく、潜在的な児童虐待に
注意を向け、予防する目的を持ち、母親のうつ病の徴候を検出するために使
用されている。

　前述のように、喜ばしい出産を経ても、新しい母親が産後うつ病を経験す
ることは珍しくない。体調の不調、ホルモンの影響、急激な生活や人生計画
の変化など原因はさまざまである。仕事をバリバリしていた人ほどうつ病に
なりやすい、とも言われる。自分がコントロールできない新しい生命の誕生
で、すべてが思い通りにいかなくなってしまうと感じて落ち込む。

　先にも述べたように、産後うつ病の主な原因のひとつに母乳育児、つまり、
授乳がある。授乳は、赤ちゃんを産めば、当たり前にできることではない。
母乳育児とは奥深いことであるのに、授乳についての情報が少なすぎるよう
に筆者は思う。

　母乳育児については、産後うつ病の主な原因のひとつというだけでなく、
その後、母親が社会復帰をするにあたっても、大事なことである。現代社会
の生み出す母乳育児に優しくない社会で働く女性は、母乳が出なくなること
が多い。これも、共生ができていない社会が原因となってしまっていると考
える。次の節で、母乳育児についてみていきたい。

4.　母乳育児

　WHO は生後 6 ヶ月までは母乳育児をすることを推奨している。母乳育児
には免疫学的にも、母子関係にも多くの良い面が強調されてきている。

　一方で、それが産後うつ病の主な原因の 1 つであるということは、ある意
味、衝撃的な体験であった。母乳育児は、赤ちゃんを出産した場合に自然に
行うことができるようになるものではなく、奥深いものである。しかし、子

育ては授乳時期が過ぎてもまた次の問題で忙しくなってしまう。「喉元過ぎれば熱さを忘れる」ということもあるのか、助産院でケアを受けていない限り、ずいぶん前に出産と母乳育児を経験したはずのまわりの年配の女性から、同様に困るであろう次の新しい母親に母乳育児について伝えられることはあまりない。少子高齢化社会で、産後すぐの女性を実際に見ることがないまま、自分が母親になっていることが大きな原因のひとつであると思われる。頼りの実母は昔のことでその苦労を覚えていなかったりする。

　また、病院でのお産の在り方にも一因があるかもしれない。とくに帝王切開や難産の後は、母体を休めるためなどの理由で、母子が同室でない日々を過ごし、その間に、新生児は自分で一生懸命吸わなくてもいい哺乳瓶に慣れてしまうことも少なくない。

　母乳育児は大変デリケートな問題である。赤ちゃんが産まれたら、自然に乳首のところまで来て母乳を吸ってくれるのか、また、自然に上手に吸ってくれて授乳できるのかというと、そうではない。母親は母親で、母体にも準備が必要である。まわりで子育てする人をみたことがない現代社会の新米の母親の多くからは、「そのときがくるまで、授乳にこんなに努力が必要だとは知らなかった」という声も多く聞かれる。出産前に、看護師・助産師から、「母親は授乳に集中して、他は全部、父親にやってもらうように」と言われたりするが、具体的にどうすればいいのかわからないまま、膨大な循環体液量の変化を含む産後の身体も急激な変化に対応することになる。そこに、まだ朝晩の区別のつかない新生児が現れ、休みなしにその授乳と排泄物の世話に突入することになるのである。

　母親は「おっぱいノイローゼ」になりかけながら、頑張って母乳育児を軌道に乗せる。母乳の管理は、特にはじめは大変である。乳腺が開いて、乳管ができて、乳房にしこりのような嫌なハリがたびたびできて痛むことがある。授乳するためには、マッサージなどの手入れが必要であるし、赤ちゃんに上手に吸ってもらうようにしてしこりを取る必要がある。赤ちゃんの抱き方や方向も工夫をして、縦抱き、横抱き、ラグビー抱き、添い乳を使い分け、組み合わせて、飲んでもらう。助産院で定期的に乳房を1時間でも、マッサージしてもらうのが理想的である。乳腺炎の危険は、授乳がはじまるときだけではなく、卒乳・断乳のときにもある。この卒乳・断乳の時期、方法と

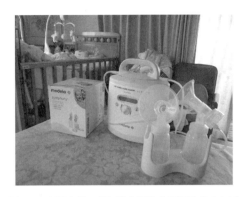

図 **4-3**　大阪大学で貸し出す電動式搾乳機（Medela）

病院の産科にもあった搾乳機。筆者は高齢出産のため、産
後も念のためモニタリング入院するという「出産の医療
化」により授乳の窓口期間を逃しかけたが、この電動式搾
乳機を使って「専念」できたおかげで、母乳育児を軌道に
乗せることができた。

いうのもまたデリケートな問題である。

　母乳が伝えることのできる愛情、安心感、栄養、免疫などの情報量は膨大
である[8]。しかし、「絶対に母乳育児が良い」と言ってしまうと、母乳をあげ
たくてもあげられない母子を傷つけてしまう。一方で「今は人工乳もよく
なってきているので」と母乳育児のための努力をしない産院で産んでしまう
と、母乳をあげることができたはずの母親でさえ、上手にあげることができ
ないままタイミングを逃し、その乳は出なくなってしまう。そうして、母乳
のあげられない母親を増やしている。筆者はこの実態には疑問を持ってい
る。これは、船橋による「出産の入院と医療化」（1994）に当てはまる現象と
言っていいだろう。

　あるいは、職場復帰のために母乳育児をあきらめ、母乳は搾って職場のト
イレに捨てるといったもったいないことも起こっている。女性がこのような
部分を切り捨てないと職場復帰できないという、現代社会のひずみともいえ
る。職場にある保育園に預けることができたとしても、結局は、団体生活の
リズムと規律を優先し、赤ちゃんの望むように母乳をあげることはできな
い。母乳育児とはそんな単純なものではない。

　現代社会は、しらずしらずのうちに（あるいは必然的に）、母乳育児ができない女性を増やしている。母乳をあげられないことによる赤ちゃんの生存率と、生存した赤ちゃんのその後の人生の健康への影響（がんや糖尿病など）の人的および経済的コストというのを見積もった論文も発表されている（Walters et al. 2019）。

　「母乳に優しくない環境」で外で働く女性が母乳をあげられないでいる日本の今日の社会とは反対に、台湾の良い習慣として、2010 年に母乳育児の権利が制定され、「母乳育児にやさしい社会」を作り出す環境が整備された。

　出生率世界最下位の台湾が、どのように社会的育児環境を整えていくのかの一つの事例を以下に示す。

　2005 年 10 月、数名の母親が台北市内の展示施設、台北故事館で授乳をしたところ、館外へ追い出された。この事件を発端に「公共の場で授乳する権利」が考えられるようになった。その後、台湾母乳協会の活動により、この権利が保障されることになった。母親が、市の公園や道路、売り場、バス、モノレール及び駅などの公共の場で母乳を与える際には、誰も阻止したり、隔離したり、授乳に影響を与えるような行為をしてはならず、反した場合5,000 元〜3 万元（約 1 万 5,000 円〜8 万 6,000 円）の罰金が科せられる。

　母乳育児をしていると、外出の度に授乳場所を探さなければならないため、外出すること自体が億劫になってしまう。粉ミルクならいつでもどこで

図 4-4　台北松山空港・ベビー休憩室（授乳室、
おむつ替え台など）
（2019 年 4 月筆者撮影）

図 4-5　台北市図書館に設置された授乳
　　　　室に貼られた「母乳育児支援」
　　　　のポスター
　　　　（2019 年 4 月筆者撮影）

図 4-6　ニュージーランドのショッピン
　　　　グセンターに貼られた授乳理解
　　　　促進のポスター
　　　　（2019 年 4 月筆者撮影）

も飲ませることができるが、母乳だとそうもいかない。レストランで食事を
している時も、街で買い物している時も、お腹がすいた赤ちゃんは待ってく
れない。母親たちの公共の場での授乳についての意見は、おおっぴらにやっ
ても平気という人もいれば、ケープを使えば大丈夫という人、人前で授乳な
んてあり得ないという人など、個人の意見は様々だろう。授乳をしていると
ころを見られるのも見るのも恥ずかしいという感じ方もある。日本にいると
自分もそのように感じる一方、他の国で他の文化の中にいると、むしろ、誰
かに迷惑をかけているわけではないし、悪いことをしているわけでもないの
に「人の目」が気になるのは、公共の場で授乳するということが一般的とさ
れていないからではないか、という考えに同感したりもする。
　国会開催中に授乳をしながら出席している女性議員らの姿が普通に見られ
るニュージーランドで、ショッピングセンターに「授乳フレンドリー」と書
かれたポスターが貼られていた。（図 4-6）。「店内どこでも授乳可能です。ま
た、プライバシーを希望される方は試着室をご利用ください」とあり、
「Partnering with you for a better community」というキャッチコピーのもと、よ

り良い地域コミュニティを目指すひとつの手段となっている。

5.　働く母親の子どものための保育園

　産休後に女性が仕事に復帰する時期の決定には、「待機児童」問題の影響を受ける。つまり、0歳児から保育園に入ることにしない限り、入園許可をとれないため、本来希望している時期よりも早めに保育園に入れることになるという問題である。その場合、子どもに免疫力がなく、まだ感染症に弱いときに入園させることになるので、どんなに対策を講じていても、保育園で広がりやすい感染症がたくさんある。病気になった子どもが苦しいだけでなく、しばしば母親にも感染する。子どもが病気になったときも、それが母親に感染したときも、結局、母親はその期間、働くことはできない。子どもが発熱したり病気になると、園から連絡があり、迎えにいかなければならない。感染症によっては、発症した後、5日を経過し、かつ解熱後2日（幼児は3日）を経過するまで、また、医師の意見書がなければ、集団生活には復帰できない出席停止期間というものがあり、しばらく園を休むことになる。期間が終わってやっと登園すると、また他の感染症にかかり、またしばらく休むことになることを繰り返し、はじめの数ヶ月は、実際のところ、ほとんど登園できなかったということもめずらしくない。その場合、母親は授乳を続けることができるので、先に入園した母親からも結局、授乳を続けていたと聞くことも少なくない。発熱し病気であまり食欲がなくなっている乳幼児でも母乳は飲むというケースもあり、病状によっては、母乳育児をしているのであれば入院しなくてもよい、という場合もある。

　保育園あるいは幼稚園に入れるタイミングを考える際によく言われることに「3歳児神話」がある。ペアレンティング（子育て）とは、一般的には「親として子どもを世話し、育てること」を意味する。「共生」できる人間に育つためには、人生の初めの3年間の育て方が大きく影響するのだろうか。それとも産まれる前から遺伝的に、共生に向く人間、向かない人間が決まっているのだろうか。あるいは、親の子育ての方法によるのだろうか。

　ハリスの『子育ての大誤算』（1998年初版、2009年改訂版）はそれまでの考

えに挑戦し、子どもの主な社交エージェントとして家の外の影響に注目している。仲間は人格の発達において特に重要で、子どもたちは両親や他の大人ではなく、クラスメートや遊び友達と同一視し、性格はグループに適合するため、または特定の人と競争するための努力によって形成されると主張した。その初版と改訂版の出された間に、リドレーは、『やわらかな遺伝子』(2004) で、人間の性格や知能は、生まれ（遺伝子）が決めるのか、育ち（環境）が強く影響するのか、という問いかけを考察した。

　日本式の保育園・幼稚園では、「母子分離型」を売りにするなど、親離れをして集団生活に慣れさせるということが、入園させることのひとつの大きな利点として語られる。一般的に、子どもにとって初めて経験する親離れは保育園や幼稚園の入園のタイミングである。毎年4月の入園の季節になると、園の入口で大泣きしている子どもの姿を見かけることになる。知らない場所で初めて会う人との集団生活、ずっと一緒にいた母親や父親と初めて離れて過ごすことになるため、子どもたちは不安を覚えて泣いてしまう。また、子どもを置いていく親も後ろ髪を引かれる。保育園・幼稚園への入園は、子どもと親のそれぞれが、親離れ・子離れを経験する機会となる。大切に育ててきた我が子が、自分の手を離れてしまうときを想像すると寂しいものである。しかし、子どもの成長過程においても自立した大人になるためにも、親離れ・子離れは大切なことでもあるというわけである。

　団体生活について、また性別により受ける期待の違いについて、大槻 (2007) は、以下の国際比較研究を行っている。日本、韓国、タイでは女の子に「女らしさ」を期待し、「親のいうことを聞く」「困っている人を助ける」という期待を込めるのに対し、アメリカ、フランス、スウェーデンなど西洋文化圏では、男の子だけでなく女の子にも「他人との競争に勝てる」という期待を込めていることを紹介し、従来のジェンダー役割からくる期待ではなく、切り拓いていく力を女の子にも期待していると解釈している（牧野他 2017: 113-115）。共生のためには、それぞれにそのような力があることも必要であろう。依存（dependent）と自立（Independent）に加え、相互依存 (Interdependent) という状態も、共生をあらわすひとつの言葉として考えられる。「健康的な相互依存」の状態を作れるには、完全に依存していてはいけないのであり、女の子にもそのような力があることが望ましい。

　また、子どもを保育園に入れるかどうか、入れるとすればそのタイミングはいつにするか。働く母親にとってそのキャリアがどの段階にあるか、どのような雇用形態で働いているかと、昇任人事のタイミング、あるいは任期付きならそのタイミングなどとあわせて、センシティブな問題でもある。職種にもよるし、パートナーの勤務状況などの様々な要因も絡む。また、フルタイムの仕事についていないと、なかなか希望の保育園に入れることが難しい。一方で、出産育児のためにいったん仕事を辞めてしまった、辞めざるを得なかった母親には、保育園が確保できていないと就活もままならない現実がある。同じように教育を受け、同じように仕事をしていたはずの女性は、出産・子育てを経て、無職となり、男性依存の家庭構造になってしまう。子どもは授かりものであるが、子どもを産むタイミングというのは働く女性にとってさらにいろいろな要因が絡んで人生を左右するのである。子どもを産まないつもりはなくとも目の前の仕事の機会やタイミングを優先して先延ばしにしているうちに、産むことができる時期を過ぎてしまうこともある。

　さらに、女性のみが子育ての「負担」を負い、男性はほぼ負わず、休みの日に「手伝う」だけでも「イクメン」と言ってもらえる社会では、「子はかすがい」という言葉はあれども、子どもを授かったことでカップルの仲が悪くなることもあるなど、子育てを通してパートナーとの関係性も変化する。

　父親の育休取得について制度ができたものの、実際の取得率は伸び悩んでおり、取得した公務員がニュースになったり、取得をすすめる企業などでの取り組みが取り上げられたりしている。大学でも制度を作った以上、各部局では誰かに育休を取ってもらうという実績を作りたくて、子どもができた教職員に声掛けをしたりする。しかし、妻も出産育児により非常勤の仕事を辞め、収入がなくなるといったケースも多く、任期付きの若手研究者である父親が育休を取る余裕はなかなかないのが現実であったりする。

おわりに

　新しく母親になった女性が退院し、助産師や看護師からの日常的な注意から外れると、彼女は自分の赤ちゃんと一緒に新しい生活を始める。これは当

然のことながら母親にとってチャレンジングな時期である。この重要な時間
枠の中で、さまざまな新しいプログラムが新しい母親同士を引き合わせ、そ
の懸念や経験を共有し、情報やサポートを得る機会を提供しようとしてい
る。

　今後の日本の超高齢社会では、身近な人が子育てをしているのを実際に見
たことがない女性が母親になることが増えていくと思われる。現代社会にお
ける母親の孤立は、出産後のうつ病の症例の増加を引き起こす可能性があ
る。居住する地域における支援は、現代の日本社会における拡大家族の支援
よりも現実的に重要になっている側面もあるといえよう。

　また、仕事と家族のバランスをとろうと努力している女性の人生から、子
育てを切り離して考えることはできない。つまり、子育てをしている女性も、
職場でプロとして働いている女性も、同じ一人の女性である。男性や父親が
育児や介護などケアの役割に関与することは、日本の超高齢社会における介
護の課題に対処するための鍵の 1 つとなるであろう。幸いなことに、これは
日本の若い世代の間で、前の世代と比べても、すでにある程度起こってきて
いる現象である。

　産後うつ病は、妊婦と新しい母親に医療を提供するための課題である。特
に日本で発生する社会の超高齢化を考えると、孤独な新しい母親のためのコ
ミュニティネットワークを利用した支援システムが必要である。ほとんどの
支援プログラムは新しい母親を対象としているが、このことは、「母親が赤
ちゃんの世話をする人である」と想定する性別の社会的規範を強化してしま
う。これは 2 つのリスクを生み出す。1 つは、父親が仕事で忙しい間、母親
が赤ちゃんの世話をする責任を負うという規範を強化することである。2 つ
目は、シングルファーザーがさらに深刻に孤立したままになる可能性があ
る。これらの問題についても考えた、地域における子育て支援活動の在り方
が模索される。

【注】

1) 吹田市男女共同参画センターデュオ・のびのび子育てプラザ共催子育て講座
　「スター・ペアレンティング」開催のお知らせ（最終更新日：令和 3 年 9 月 8 日）
　〈子供とどう向き合えばいいのか分からない……と悩んだことはありませんか？
　ペアレンティング（親の役割・親のあり方）の必要性や子育てについて、異年齢

の子供をもつ参加者同士、一緒に学びましょう。ぜひ、ご参加ください！〉
https://www.city.suita.osaka.jp/home/soshiki/div-jidou/kosodateplaza/_82840/_720
66.html（2021 年 8 月 16 日閲覧）

2）NPO 法人 女性と子どものエンパワメント関西　STAR Parenting: 叩かず、甘や
かさず、子育てする方法 https://starparenting.jp/about/about.html（2021 年 8 月 16
日閲覧）

3）「子育て世代包括支援センター業務ガイドライン」平成 29 年 8 月 https://www.
mhlw.go.jp/file/06-Seisakujouhou-11900000-Koyoukintoujidoukateikyoku/
kosodatesedaigaidorain.pdf（2021 年 8 月 20 日閲覧）

4）食品会社江崎グリコによる調査「心身しんどいコロナ禍で夫の理解なく……7 割
の母親、産前産後に「孤独感」」https://news.yahoo.co.jp/byline/nakanokaori/2020
1207-00211335（2021 年 8 月 19 日閲覧）

5）「妊産褥婦の自殺」岡井崇「新たな自殺総合対策大綱の在り方に関する検討会
（第 3 バック）」、平成 29 年 1 月 27 日厚生労働省ホームページ https://www.mhlw.
go.jp/file/05-Shingikai-12201000-Shakaiengokyokushougaihokenfukushibu-
Kikakuka/0000149769.pdf（2021 年 8 月 19 日閲覧）

6）公益社団法人日本産婦人科学会「妊産婦メンタルヘルスケアマニュアル―産後
ケアへの切れ目のない支援に向けて―」平成 29 年 7 月 http://www.jaog.or.jp/wp/
wp-content/uploads/2018/03/mentalhealth2907_L.pdf（2021 年 8 月 20 日閲覧）

7）MCMC（母子のメンタルヘルスケア）は、日本産婦人科医会が行っている妊産
婦のメンタルヘルスを守るための活動 https://mcmc.jaog.or.jp/pages/epds
令和元年度 厚生労働省 子ども・子育て支援推進調査研究事業
「産婦健康診査におけるエジンバラ産後うつ病質問票の活用に関する調査研究」
外国語版 EPDS 活用の手引き、2003 年初版、第 2 版 2014 年版（2020 年 3 月時
点、最新版）https://www.murc.jp/wp-content/uploads/2020/04/koukai_200427_8_2.
pdf（2021 年 8 月 20 日閲覧）

8）Breastfeeding, A wonderful way to show your love, Youaremom, 2017, https://
youaremom.com/babies/breastfeeding-a-wonderful-way-to-show-your-love/（2021 年
8 月 21 日閲覧）
Having meaningful conversations with mothers, UNICEF UK, 2018, https://www.
unicef.org.uk/babyfriendly/wp-content/uploads/sites/2/2018/10/Having-
meaningful-conversations-with-mothers.pdf（2021 年 8 月 21 日閲覧）
WHO, 母乳育児のホームページ：
https://www.who.int/health-topics/breastfeeding#tab=tab_1（2021 年 8 月 21 日閲
覧）

【課題】
① 乳幼児期の子育て支援についてどのようなものがあるのでしょうか。住んでい

る自治体、あるいはほかの自治体の成功例、また海外の状況を調べて、それぞれ
何が課題と考えられどのような取り組みが行われているのか、そこにはさらに
どのような課題があるのか考えてみましょう。

② 「3 歳児神話」について、その意味、これをめぐる論争の歴史的背景と、科学的
根拠、研究について調べてみましょう。

【読書案内】

佐々木正美『子どもへのまなざし』福音館書店、1998 年／佐々木正美『続 子ども
へのまなざし』福音館書店、2001 年／佐々木正美『完 子どもへのまなざし』福音
館書店、2011 年

　児童精神科医の著者が、臨床経験をふまえて乳幼児期の育児の大切さを語る、育
児に関わる人の必読書とされた古典的ベストセラーシリーズ。

　社会の変化に伴い、育児不安を持つ母親はますます増加し、過干渉や放置、虐待
などが社会問題化している。著者は、子どものありのままを受け止めることが大切
だと強調する。育児の喜びは、子どもに期待できる喜び、子どもを幸せにできる喜
びの 2 つあると著者はいう。そして、子どもの笑顔や喜ぶ姿に、自分自身が喜べる
親であってほしいと願う。

　続編では、障害を持つ子をどう育てたらいいのか、あるいは、最近、目立ってき
た注意欠陥多動性障害（ADHD）の子どもたちをどう理解したらいいのか、さらに、
少年事件の背景にあるものをどう考えたらいいのかなどについてふれる。

　完結編では、子どもの虐待やひきこもりなどが増えている現代社会のなか、子ど
もにどう接していけばいいのか、また、近年注目される「発達障害」についても詳
しく取り上げている。育児書であると同時に、人生の導きの書でもある。

椎野若菜、的場澄人『女も男もフィールドへ』古今書院、2016 年

　フィールドワークにおけるジェンダーの問題、とくに女性のライフコースと
フィールドワークについての論考。女性フィールドワーカーのロールモデル集にも
なっていて、女性研究者たちがさまざまな困難に出会いつつフィールドに突き進ん
でいく。一方、その過程での苦労話とそれにどう対応するかのアイディアも学び取
れる。

【参考文献】

佐々木正美（1998）『子どもへのまなざし』福音館書店

クレアリー、エリザベス（著）、田上時子、本田敏子（訳）（2010）『叩かず甘やか
　　さず子育てする方法』築地書館（原著：Elizabeth, C. (2011) *STAR Parenting: Tools
　　and Tales*, Parenting Press（和訳同時刊行））

ハリス、ジュディス・リッチ（著）、石田理恵（訳）（2000）『子育ての大誤算——
　　子どもの性格を決定するものは何か』早川書房（原著：Harris, J. R. (1998) *The*

nurture assumption: Why children turn out the way they do, Brockman）

リドレー、マット（著）中村桂子、斎藤隆央（訳）（2004）『やわらかな遺伝子』紀伊國屋書店（原著：Ridley, M.（2004）*Nature via Nurture: Genes, experience and what makes us human*, HarperPerennial）

Walters, D. D., Phan, L. T. H. & Mathiesen, R.（2019）The cost of not breastfeeding: global results from a new tool, *Health Policy and Planning*, 34(6): 407-417.

コラム3　妊娠と出産の人類学

　筆者の母は日本とアメリカで合計4回の出産を経験した。そのどれもが全く違う出産体験だったようである。国や地域が違えば、また年代が違えば、文化も社会通念も制度も異なる。初めての出産は、日本の病院で自然分娩をした。母は、次にアメリカで出産したときに、いろいろな違いに大変驚いたとのことである。日本ではまだ陣痛がはじまるかどうか、大声で叫ばないで痛みもそっと耐えているようなときから、アメリカの他の妊産婦さんたちは大声で叫びまくっていたのに驚愕したこと。また、担当医が来て「学会に行きたいから出発前に先に産んでください」と誘発剤を使用して麻酔の下での出産となり、目が覚めたら産まれていたとのことも当時の日本では考えられない経験だったと教えてくれた。また、親も手伝いに簡単に来れない時代、古き良きアメリカ社会のボランティア精神に基づく皆さんの「ご親切」に助けられたこと。そして、夫（当時、大阪大学医学部の助教）の留学を終え、日本に帰国してからは、今度は、産科医院で出産することとなった。こちらも麻酔下での出産が主流になっており、もう初産のような苦しみはなかったとのことだった。その後、日本でも再び、助産院での自然な妊娠の良さが注目を浴びたりと変遷しており、「お産」とひとことでいっても、いろいろな方法があり、いろいろな選択肢がある。筆者の父は仕事で自分のどの子の出産にも立ち合っていないが、弟は、自分の子どもたちの出産にはビデオカメラを持って立ち合っている。

　第9章の小川寿美子先生はアメリカで2回出産されている。本文中でふれておられるその経験談も興味深い。

　私の出産は、大阪北部地震の被災という緊急事態下であった。水や電気が止まり、自衛隊の給水を受けての出産であった。パートナーは立ち合う気満々であったが、帝王切開となり、その病院では立ち合いは不可能となった。帝王切開のため麻酔をかけるが下半身だけなので、意識ははっきりある。看護師さん助産師さんが「あたまが見えてきましたよ」と、まるで自然分娩のように声をかけてくださるのを、おかしくも思う余裕さえある。産声を聞いたときには、涙が流れた。

　皆さんも、いろいろな国や文化での出産について考え、将来、自分がどんな出産をしたいか、考え始めるのもいいだろう。

　第1章で、ニュージーランドのアーダーン首相が6月の出産後、9月の国連総会に赤ちゃんを連れて出席されたことに驚いた話を紹介した。実は、首相は私と同じ時期に出産している。その頃日本は猛暑であったこともあり、1ヶ月健診が無事終わっても、脱水症状になったらいけないので、出かけないように言われていた。そして、私は母乳育児を軌道に乗せるまでがとても大変だったので、7月8月はとても外出するどころではなかった。

　人類学は、人類の多様性を研究する学問である。我々人間はホモ・サピエンスという同一種に属すが、地球上の諸文化の間には驚くほどの差異が見られる。このよ

うな差異は、言語、宗教、儀式、食文化などに表れ、人間を他の動物と大きく分けている。人類学の目的は、ヒトの暮らしに見る共通性と多様性の、両方を理解することである。研究手法にとらわれない学際的な研究によって人類とは何かを全体として明らかにしようとする学問分野である。

　文化人類学においては、簡単に言えば、比較をする、ということが鍵である。たとえば、いろいろな国の出産やその準備、また産後の方法を比較することで、驚きとともにとても面白い気付きがある。参考文献リストに挙げた本をぜひ手に取ってみていただきたい。写真入りのものも多い。

　しかし、妊娠・出産に関しては幸せな話ばかりではない。1980-90 年代のヨーロッパでおきたユーゴスラビアの戦争で、またアフリカのルワンダなどで、「民族浄化」の手段として、他民族、他部族、異教徒の女性がレイプされた結果の妊娠について忘れてはならない。2022 年に入ると、ロシアによるウクライナ侵攻での被害も報告されている。私の前任の九州大学がある福岡は、歴史的に、蒙古襲来の防壁でも有名であるが、博多湾は、戦後の満州からの引き上げ船が到着したところである。満州では、多くの日本人女性がソ連兵から暴行を受け、また中国人の仕返し事件もあった。そんな中、命からがら生き残れたとしても、暴行により妊娠していた女性たちに人工流産を施す支援が、福岡では行われていた。私は大阪大学に異動した後も、九州大学や福岡女子大学などに非常勤講師として、また共同研究に通ったりしてきた。空港に降り立つときに、美しい博多湾を飛行機の窓から見るたびに、そこに身を投げた多くの女性たちのことを想い心が痛んだ。

　さて、「文化人類学で出産を見る」というときには、いろいろな視点がある。ひとつには、「誰が赤ちゃんを取り上げるのか」。インドネシア農村では無資格の産婆さんが主流であり、バングラデシュでは土の上に赤ちゃんを産み落とす。先進国では病院が主流となってきたところ、助産院あるいは自宅での出産の選択肢もある。

　次に、「産む姿勢は」。座っている、ベッドに横たわる。上向き？　横向き？ロープにしがみつく。歩き回る。水の中。これもさまざまである。

　そして、「新生児を誰が育てるのか」。子どもの多い途上国では、年上の子どもが小さい子どもの面倒をよく見ている。大家族制の国では、家族で育てる。一見したところ誰が母親かわからないような、みんなで育てるという国もある。人口の少子高齢化そして核家族の進んだ先進国の都会では母親がひとりで育てる。あるいは、自然環境の厳しいチベットの少数民族では、一人の女性は、兄弟である複数の男性と結婚し、その兄弟がみんなで力をあわせて生まれた子を自分の子として育てる。「赤ちゃんの排泄や睡眠は？」「産後の妊産婦はどのように過ごす？」などなど、出産・育児は実に多様である。

　しかし、自分の所属する文化とは見えないものでもある。そこで、他の文化と比較してみると自分の文化がよく見えてより理解できるということがある。

　海外の経験の比較だけでなく、国内でも都会と地方の違いがある。あるいは、関

図1　産綱

座産のとき、産婦が力を入れるためにすがる天井から垂らした綱。
出典：香月牛山（1726）『婦人寿草』

西と他の地方の違いなど、いろいろと経験することで見えてくる気づきがあること
であろう。

（大谷順子）

【課題】
出産を経験された方にお話を聞いて、驚いたことなど思うところを書いてくださ
い。親に聞いてもよいし、最近の話でもよい。祖母、母親、姉など各世代から聞い
て、比較してみることができると面白い。

【参考文献】
小浜正子（2020）『一人っ子政策と中国社会』京都大学学術出版会
小浜正子・松岡悦子（編）(2014)『アジアの出産と家族計画――「産む・産まない・
　産めない」身体をめぐる政治』勉誠出版
恩賜財団母子愛育会（1975）『日本産育習俗資料集成』第一法規
きくちさかえ（2019）『世界お産　生まれやすい国ニッポンへ！』二見書房
波平恵美子（1984）『病気と治療の文化人類学』海鳴社
波平恵美子（1996）『いのちの文化人類学』新潮選書
波平恵美子（2009）『ケガレ』講談社学術文庫
松岡悦子（編）(2007)『産む・産まない・産めない――女性のからだと生きかた読
　本』講談社現代新書
松岡悦子（2014）『妊娠と出産の人類学――リプロダクションを問い直す』世界思

　想社

松岡悦子（編）（2017）『子どもを産む・家族をつくる人類学——オールターナティヴへの誘い』勉誠出版

松岡悦子・小浜正子（編）（2011）『世界の出産——儀礼から先端医療まで』勉誠出版

安井眞奈美（編）（2014）『出産の民俗学・文化人類学』勉誠出版

コラム4　防災と母親

　子育て支援プログラムにおいて最近増えている活動に、母親のための防災教育セミナーやイベントがあり、行政、赤十字、NPOなどさまざまな団体が開催している。2011年の東日本大震災での経験はもとより（つながる.com 2012）、2018年の大阪北部地震、台風、洪水などさまざまな災害が重なり、日本の母親たちの間で、いざという時に我が子を守るための備えを学んでおきたいという声は大きい。

　病院産科では、母親たちに「レスキュー・ママ」のセットが紹介される。セットは、目立ちやすい黄色の防炎キルティング生地（防炎反射テープ付き）（図1）でできており、本体内部の固定ベルトで、赤ちゃんを安全に固定して避難できる。収納袋は大人の頭巾として使用できる。赤ちゃんを入れたままおむつ交換ができ、避難所でマットとしても使用できる。さらに、防災アルミシート、紙おむつなどがセットしてある。助産師・看護師から母親たちはその使い方を学び、自分の赤ちゃんは自分で守ることができるように準備をする。

　被災が妊産婦や出産に与える影響については、妊婦の心理的ストレスやPTSD、さらに、早産や低体重児の出生の増加、またはその可能性などが報告されているが、まだあまり研究がなされていない。自然災害の発生が前もって予測できないことから調査実施のタイミングが困難であり、いったん災害が発生すると研究のためのデータ収集よりも被災妊婦や胎児、新生児への対応が優先される、ということもある。ストレスの原因は、家族・親族の死亡、母乳への影響、住宅の喪失、突然の環境の変化、将来への不安、などがある。

　先行研究をみると、被災の母子の健康への影響については、災害によって異なる結果も報告されていることがわかる。第一に、アメリカで2005年に発生したハリケーン・カトリーナに被災した妊産婦は、統計的に一致した比較グループと比べて、ストレスによる異常分娩および帝王切開の転帰を経験する可能性が有意に高

図1　レスキュー・ママセット（2018年6月筆者撮影）

かった（Zahran et al. 2013）。

　第二に、地震に被災することは早産や低出生体重児を増やすと示す研究と、有意な相関関係は認められなかったとする調査結果が発表されている。前者には日本の廣瀬直紀ら（2016）の系統的文献レビュー論文、Tong et al.（2010）によるアメリカ合衆国ノースダコタ州洪水の事例の調査研究がある。また、1999 年に台湾で起きた 921 地震での調査研究論文（Chang et al. 2002）によると、115 例の妊娠のうち、9 人（7.8%）の低出生体重新生児（2,500g 未満と定義）が報告された。母親の腹部損傷、配偶者の死傷者、および生活状態の不安定さの病歴は、低出生体重と有意の相関が認められ、配偶者の犠牲者は、新生児の低出生体重を予測する唯一の重要な要因であったと結論づけている。一方で、後者として、被災と低出生体重児出産の間には有意な相関関係が認められなかったという調査研究も報告されている。2011 年東日本大震災の被災地である福島での調査（Fujimori et al. 2014）や同 2011 年ニュージーランドのカンタベリー地震の被災地であるクライストチャーチでの調査（Hawkins et al. 2018）もある。これらでも有意差は認められなかったとの結果であった。

　第三に、心理的および精神的ストレスと心的外傷後ストレス障害（Post Traumatic Stress Disorder : PTSD）についての調査報告もある。医学および心理学の研究論文以外に、公開されているレポートのほとんどは、臨床の現場からの症例報告や、推奨の形式で発表されている。2005 年ハリケーン・カトリーナの被災地では、ハリケーンによる深刻な被害を経験した妊産婦の間で PTSD とうつ病のリスクが大幅に増加したと報告されている（Xiong et al. 2010）。一方で、2015 年ネパール地震の被災地の調査では、妊産婦の被災体験とトラウマ症候群に有意な相関関係は認められない（Khatri et al. 2018）と報告している。世界の人道支援団体と研究者らは、自然災害後の緊急対応段階における妊娠中および授乳中の女性とその子どもたちの健康ニーズの重要性を認識し、また、災害が妊産婦、新生児および乳幼児の健康に及ぼす長期的な影響についても認識しているが、まだこれらの因果関係はあまり研究されておらず、理解が十分にされていない（Brunson 2018; Otani 2023）。

　これからの災害に備えて、臨床の現場で役立つように、日本では被災時の妊産婦ケアのマニュアルなども臨床の専門家たちがまとめており、公益社団法人日本看護協会「分娩施設における災害発生時の対応マニュアル作成ガイド」（2013）などがある。あるいは、疫学調査ではないが、産院など出産を予定していた場所が被災したために、仮設の救急産院で出産した事例などの報告もある。また、被災した母親たちがつくった防災手帖（つながる .com 2012；MAMA-PLUG 2014）なども次々と刊行されており、一般の書店の防災コーナーに並べられている。

　中国で 2008 年に起きた四川大地震では、羅漢寺に設置された緊急病室にて 108人の新生児が誕生しており、その住職へのインタビュー記事（桑吉扎西 2011）などが注目を集めた。この事例については、陳（2021）が日本語でも報告している。

そこは「共生」の実践の現場であると言える。

（大谷順子）

【参考文献】

公益社団法人日本看護協会（2013）「分娩施設における災害発生時の対応マニュアル作成ガイド」

陳逸璇（2021）「108人の赤ちゃん阿羅漢」（コラム5：97-102頁）、大谷順子編（2021）『四川大地震から学ぶ—復興の中のコミュニティと「中国式レジリエンス」の構築』九州大学出版会

つながる.com編（2012）『被災ママ812人が作った「子連れ防災手帖」』メディア・ファクトリー

廣瀬直紀・白石三恵・春名めぐみ・松崎政代・吉田穂波（2016）「震災による妊娠転帰への影響についての系統的文献レビュー」『日本助産学会誌』第30(2)号342-349頁

MAMA-PLUG編・著（2014）『災害時に役立つサバイバル術を楽しく学ぶ「防災ピクニックが子どもを守る！」』メディア・ファクトリー

Brunson, J. (2017) Maternal, Newborn, and Child Health After the 2015 Nepal Earthquakes: An investigation of the Long-term gendered impacts of disasters, Maternal Child Health J 21: 2267-2273.

Chang, H. L., Chang, T. C., Lin, T. Y. & Kuo, S. S. (2002) Psychiatric morbidity and pregnancy outcome in a disaster area of Taiwan 921 earthquake, Psychiatry and clinical neurosciences, Volume 56, 2, Pages 139-144.

Fujimori, K., Kyozuka, H., Yasuda, S., Goto, A., Yasumura, S., Ota, M., Ohtsuru, A., Nomura, Y., Hata, K., Suzuki, K., Nakai, A., Sato, M., Matsui S., Nakano, K. & Abe, M. (2014) Pregnancy and birth survey after the Great East Japan earthquake and Fukushima Daiichi nuclear power plant accident in Fukushima prefecture, Fukushima journal of medical science. Volume 60, 1, Pages 75-81.

Hawkins, G., Gullam, J. & Belluscio, L. (2018) The effect of a major earthquake experienced during the first trimester of pregnancy on the risk of preterm birth, Australian and New Zealand journal of obstetrics and gynecology, Volume 59, 1, Pages 82-88.

Khatri, Goma. K., Tran, Thach. D., Baral, S. & Fisher, J. (2018) Effect of the 2015 Nepal Earthquakes on symptoms of common mental disorders among women who are pregnant, Journal of affective disorders, Volume 228, Pages 238-247.

Otani, J. (2023) Women and children in disasters (Chapter 28), In: Cavaliere, C. and Otani, J. (Eds.) Handbook of Disaster Research in Japan, MHM and Amsterdam University Press.

Tong, V. T., Zotti, M. E. & Hsia, J. (2010) Impact of the Red River Catastrophic Flood on women giving birth in North Dakota, 1994-2000, Maternal Child Health J. 15: 281-288.

Xiong, X., Harville, Emily W., Mattison, Donald R., Elkind-Hirsch, K., Pridjian, G. & Buekens, P. (2010) Hurricane Katrina experience and the risk of post-traumatic stress disorder and depression among pregnant women, American journal of disaster medicine, Volume 5, 3, Pages 181.

Zahran, S., Peek, L., Snodgrass J. G, Weider S. & Hempel L. (2013) Abnormal labor outcomes as a function of maternal exposure to a catastrophic hurricane event during pregnancy, Nat Hazards, 66: 61-76.

桑吉扎西（2011）〈罗汉寺中的慈悲与欢喜——访四川什邡罗汉寺方丈素全法师〉《法音》第 6 号（通卷 322）：39-44

第5章
発達障害を日本社会がどう扱うか
——生産性、インクルージョン（包摂性）、
人間の価値に関する視点から——

Lynne Y. Nakano

はじめに

　私たちの生きる現代社会では、生産性、つまり、資本主義経済の価値による商品やサービスの生産によって測定される生産性に応じて自分自身や他の人を評価することが常に行われている。生産性に重点を置くことは非常に一般的であり、よく浸透していることなので、ごく当然なことだろう。生産性は確かに必要であり、現代社会で重要といえる。しかし、生産性は、私たちが自分自身を評価する唯一の方法だろうか？　退職者、主婦、子ども、病人、障害者など「生産的」ではないとされる人はどうだろうか？　重要性が低いと評価されるのか？　多くの人が彼らには価値がないとは言わないだろう。マーサ・ヌスバウム（2006）などの哲学者や糸賀一雄（1967）などの教育学者は、なぜ社会が障害を持つ人々の価値を下げ、差別するのかについて書いている。現代社会は生産性に重点を置いているため、生産性の低い人々を重視する明確なシステムを持ちあわせていない。その結果、非生産的とみなされる人々にはあまり注意が向けられず、支援が提供されないというのが彼らの見解である。非生産的と見なされる人にケアサービスを提供する人々に対するサポートは少ない。生産性が高くないと見なされる人を大切にする人々に、より良いサポートを提供する方法はあるのか？　このような疑問が、障害の問題に対する筆者の関心を刺激したのである。筆者は、「障害があるから生産的でないとはいえない」と考える。

　フランクリン・D. ルーズベルト米大統領は、大統領在任期間に車椅子を使用していた。彼は、4度も大統領に選出された史上唯一の米国大統領であっ

た。彼は大恐慌と第二次世界大戦の時期を通じて米国を率い、米国の権力を
大幅に拡大した。人々の知的および物質的な成果は、人類の歴史で最も重要
なものに入っている。それにもかかわらず、障害を持つ多くの人々は、生涯
を通じて生産性では劣っているとされる。多くの人々は今日の自らを障害者
と考えていないが、将来的には、病気や老化のために障害を抱え生産性が劣
るかもしれない。「生産的」な人よりも、そうでない人の方が人間としての価
値が低いわけではない。障害者や、それらの人に対するケアを提供する人を
真に大切にするのであれば、人生を評価する方法に関する新しい考え方が必
要なのかもしれない。

　以上のような疑問を持ち、筆者は、社会が障害をどのように扱うかについ
て研究したいと思うようになった。障害には多くの種類があるが、ここでは
いわゆる「発達障害」（現在は神経発達症群と呼ばれる）に焦点を当てることに
した。なぜなら、発達障害がここ数十年で注目を集め、メディアや政策家、
教育者、親の間で議論を促す、日本の新しい障害のカテゴリーだからである。
「発達障害」という用語は、他の国では必ずしも認められる生物医学的カテゴ
リーではない。むしろ、日本でも過去には認められておらず、また十分に支
持されていなかったいくつかの障害をまとめて指す包括的な用語として使わ
れている。「発達障害」は「自閉症・アスペルガー症候群を含む広汎性発達障
害（自閉症スペクトラム）（ASD）、学習障害（LD）、注意欠陥多動性障害
（ADHD）や、その他これに類する脳機能障害であってその症状が通常低年齢
において発現するもの」とされている。これらは、生まれつき脳の働き方に
違いがあるという点が共通している。

　厚生労働省によると、ASDの特性をもつ人は、コミュニケーションの場面
で、言葉や視線、表情、身振りなどを用いて相互的にやりとりをしたり、自
分の気持ちを伝えたり、相手の気持ちを読み取ったりすることが苦手であ
る。また、特定のことに強い関心を持っていたり、こだわりが強かったり、
あるいは、感覚の過敏さを持ち合わせている場合もある。ADHDの特性をも
つ人には、発達年齢に比べて、落ち着きがない、待てない（多動性 - 衝動性）、
注意が持続しにくい、作業にミスが多い（不注意）といった特性がある。LD
とは、全般的な知的発達には問題がないのに、読む、書く、計算するなど特
定の学習のみに困難が認められる状態をいう。

　文部科学省は、日本の教育を受けている子どもの 6.5% が何らかの発達障害を持っていると推定している。また、特別教育を受ける子どもの数は、2005 年の約 20 万人から 2016 年には約 32 万 7 千人に増加した（Mithout 2016:171）。この増加は、感染症のように障害が流行したというわけではなく、障害に対する意識の高まりと厳格なスクリーニングが行われたことによる。

　研究の展開において、本章では、次の研究課題に焦点を当てる。
1）「発達障害」という用語が広く使われるようになり、教育システムはどのように変革し得るのか
2）障害を持つ人は、目に見える形（仕事や生産性など）で社会に貢献できないかもしれないが、障害を持つ人々とその家族はどのように社会の中での彼らの価値と場所を確立しているのか

　2015 年から 2020 年にかけて、京都、大阪、東京、岩手県の 8 つの公立学校、8 つの公立特別支援学校、2 つの特別支援を専門とする私立学校を訪問し、これらの学校で 30 人以上の特別教育教師と校長、障害児 15 名の母親にインタビューした。また、発達障害と診断された成人のための支援団体に赴き、これらのグループのメンバーと主催者にインタビューした。父親も母親も子育てにかかわるが、本章では、母親たちに焦点を当てる。なぜなら本章は、さまざまな人からの見方に関する研究の一部だからである。研究の初期の段階で母親に焦点を当てることにしたのは、母親がしばしば子どもにとっていちばんの保護者であるからであり、また、母親に関する研究は、世界各地で行われている母親と障害について扱う研究と比較可能であると考えるからである。父親や障害のある成人たちからの見方を含めたさらなる研究が必要である。

　本章では、発達障害が社会のさまざまな分野（政府、メディア、教育者、支持者、障害を持つ個人とその母親）によってどのように見なされているかを示す。国家は包摂（インクルージョン）政策に向かっているが、政府、学校、職場からの不十分な制度的支援により複雑な結果になっていることがわかった。メディア、政策家、教育者は以前よりも発達障害に対して高い関心を持っているが、障害者は「普通の」人とは根本的に異なっているという考

え方は根強く残っている。その結果、子どもに悪いレッテルが貼られること
を恐れ、診断を受けることに抵抗を感じる親もいる。一方で、子どもが特別
な援助を必要としているのか確認し、適切なサポートを得るために診断を望
んでいる親もいる。そのような母親たちは子どもたちが生産的な生活を送る
のを助けたいと思っていた。生産性そのものを重視していない教育者や母親
たちにも会った。彼らは、その代わりに子どもの人格の価値、自分のペース
で達成していくこと、愛を感じる能力などを重んじていた。

1.　政府の見解

　日本政府の障害者に対する基本的な方針は、インクルージョンである。「イ
ンクルージョン（包摂性）」とは、障害を持つ人々が社会から隔離されるべき
ではなく、むしろ可能な限り、彼らは家庭生活、公立学校や職場に含まれる
べきであるという考え方を指す。政府は、2つの相対する運動の結果として、
インクルージョン政策を打ち出した。1つ目の運動として、日本の両親、教
育者などを含む一般の人々は、障害者が障害を持っていない市民と同じよう
に学校、職場などの公共機関へのアクセスすることをはじめとする、障害者
のためのより良いリソースを提供するよう政府に促した。同時に、2つ目と
して、グローバルな分野の動向はインクルージョンに向けて進んでいること
を踏まえ、日本政府も関連する政策を採用するよう迫った。
　障害を持つ子どもの教育に関する世界的な見解の重要な転換点として、
1978年に英国で発表されたWarnock Reportがある。この報告書では、障害
児は他の子どもと根本的に異なっているわけではないと述べた。すべての子
どもは、ある学年の段階で「特別な教育ニーズ」を持ち、ほとんどの場合、
これらのニーズは主流の学校のカリキュラムの中で満たされる。もう一つの
重要な転換点は、1994年のサラマンカ声明である。これは、国連の教育機関
によって発表され、92の政府と25の国際機関によって合意されたものであ
る。声明は「すべての人のための教育」を掲げ、すべての子どもたちが学校
へ通うことを促進した。2000年代までに、ほとんどのOECD諸国（世界の
高度先進国の大部分を含む37ヶ国のグループ）は、学校のすべての子どもの

ためのインクルーシブ教育を支援する改革を実施した。

　日本では、2000 年代に障害者を支援制度の中心に据え、社会生活への参加を奨励する法律を作成した。これらの新しい法律によると、障害者は自律的な個人と見なされ、自由に選択されたサービスのユーザーとして見なされる。例えば、教育分野では、子どもがどの学校に通うのか、障害を持つ子どもがどのように教育されるのかを決定する際に、保護者の見解が考慮される。しかし、インクルージョンの願望にもかかわらず、学校は障害を持つ子どもたちのニーズに十分に対処できないことがよくある。学校には、特別なニーズを持つ子どものためのサポート教師に支払うのに十分な資金、車椅子の台数、教師に対する十分な訓練が足りていない可能性がある。筆者が会った多くの教師は、オンラインでトレーニングビデオを見て、特別な教育資格を得るために自分の時間とお金を使ったと話した。また、学校では、日本語を学んでいる外国人、いじめを受けた子ども、行動上の問題を抱える子どもたちなど、通常の教室に入れない障害を持たない子どもたちに対処するために、特別な教育クラスを使用することがよくある。発達障害を持たない子どもでも、行動上の問題に対処する方法として教師によって「発達障害」というラベル付けがされることがある。Teruyama（2014）は以下のように新聞記事に紹介している。

　　読売新聞の「桐生」のセクションでは、33 歳の母親が、教師からいくつかの発達
　　障害のラベルを付けられていた小学 2 年生の息子について書いている。彼は最終
　　的に医者によってどの障害も持っていないと診断されたが、母親は、「授業中、席
　　に座らないから ADHD ではないか、しょっちゅう騒ぎ出すから自閉症ではない
　　か、こういう状況なのに学力が劣っていないからアスペルガー症候群（自閉症の
　　軽症）ではないか、といろいろ言われた。障害なんかあるとしても、個性として
　　扱った方がいいではないか。個性として理解してくれたら、教員と他の子どもも
　　理解を得て、助け合えるようになるでしょう。」（2014:28）（筆者・翻訳者 共訳）

　筆者が出会った母親は、学校や教師が親切で理解があるとよく言っていた。しかし、公立学校では子どものケアを完全に行うことはできないと感じる人もいた。これらの母親は、子どもにケアを与えるための教師の訓練ができていないし、学校も人手不足だと指摘した。筆者が出会った多くの母親は、

公立学校では親が子どものサポート役として働き、クラスルームや遠足に参加するように依頼されたという報告をしていた。結論としては、公立学校や教師はインクルージョン政策に取り組んでいるが、不十分なリソースとトレーニングにも苦しんでいると言える。

2.　メディアの見解

　過去 10 年間、日本のメディアは ASD、ADHD、LD などの発達障害に関心を持つようになった。障害に同情的な描写の初期の例は、漫画『光とともに…―自閉症児を抱えて―』戸部けいこ、秋田書店（2000 年から 2010 年）がある。2004 年に日本テレビで、この漫画をもとにしたテレビドラマが放送された。漫画やテレビドラマは、自閉症スペクトラムの息子を育てる母親の物語を伝え、自宅や学校での苦労や成果を描いた。もう一つ、自閉症スペクトラム障害に関して象徴的な著書としては、東田直樹（2017 年）の自叙伝『自閉症の僕が飛び跳ねる理由―会話のできない中学生がつづる内なる心―』がある。2013 年に英語で翻訳・出版されベストセラーとなり、さらに長編ドキュメンタリーが作成された。ことばを話さない東田本人が書いたのか、それとも彼の母親が作品を書いたのかという疑問は残るが、本書は ASD の特性を持つ人々の視点と経験に関心を集めることになった。

　これらの最近の例にもかかわらず、発達障害は長い間メディアで否定的に描かれていた。「普通」の人間と発達障害者とは非常に異なるように描かれていることが多い。読売新聞の記者の言葉を引用すると、「自閉症スペクトラム障害の人は、うまくコミュニケーションが取れないと自傷行為をすることもある。一部の人々は、彼らが視力を失うほど強く顔を打つ」（Teruyama 2014:13）といった表現がなされている。この種の報道は、より広く一般的な自閉症の側面ではなく、極端で奇妙な行動のみを強調するので、「障害を持っている」ということをよりセンセーショナルにする。障害の一部のメディア表現は、発達障害を暴力や犯罪に関連付ける。Teruyama（2014）は、1997 年の神戸での児童殺人事件の加害者は 14 歳の少年であった件に関して、メディアは「少年が ADHD の特性を持っている」という情報を流布し、極端で

奇妙な暴力と障害との関連を示唆したと指摘する。

　障害者がメディアに取り上げられる際のもう一つの極端で正確でない扱われ方は、自閉症患者が芸術の才能をもっているというものである。そのようなケースはまれであり、障害者の大多数を代表していないにもかかわらず、このように表現されることもしばしばある。

　近年、発達障害のメディア報道が大幅に増加している。例えば、2017 年 5 月には、NHK において、発達障害者の声や体験を紹介するプログラムが 1 年間にわたり放送された。このプログラムは、より大きな同情と理解を促すものであった一方で、健常者と障害者の間の明確な違いを強調し、そのような人々の視点を理解するために極端な措置を講じなければならないことを示唆した。最近のメディア報道により、障害者に対する国民の関心と理解は高まっているが、その報道のメッセージには、障害に応じて人々を分類する障害の医療化の論理に従う傾向があり、障害を人の最も重要な定義機能と見なしている。

3．アドボケート（支持者）と教育者

　支持者や教育者は様々な見解を持っており、ここでそれらのすべてに触れることは不可能である。代わりに、教育者が直面する主要な課題を簡単に概説し、いくつかの有名な支持者の見解を紹介することにしよう。

　先に述べたように、教育者（学校の校長や教師を含む）は、インクルーシブ政策に向けて歩みを進めているが、まだ限られたリソースの中でそうする方法を試行錯誤している段階である。さらに、学校では、発達障害は行動上の問題と同じように扱われることが多い（Mithout 2016 参照）。筆者が話した教師は、異なる背景を持つ子どもたちを教室に迎えたいと思っていたが、それと同時に、多くの教師は、必ずしも発達障害の結果ではない子どもたちの問題行動に対処するのに苦労していた。例えば、いくつかの問題行動の原因は、感情的なものやその他の問題によるものである。日本などでは、子どもたちは学習に伴うストレスによるメンタルヘルスの問題に苦しんでいることが研究で分かっている。このストレスは、長時間にわたる学習や親との不仲、教

室内での問題など（Kuwato & Hirano 2020）に由来する。

　大阪教育大学名誉教授の竹田啓一などの専門家は、個々の子どものそれぞれのニーズを理解し、それに応えることを推奨している。学習障害と教育に関する竹田教授の講義は、親と教育者の合計何百人もの参加者を引き付け、メディアやテレビからも頻繁にインタビューを受けている。彼は講義の中で、平等だけを重視する教育モデルから離れることの重要性を説明し、全ての子どもたちにまったく同じ環境と学習条件を与える代わりに、各子どもがそれぞれ成長・学習するために必要なものを与えられるような公正さを重視したモデルに移行しなければならないと主張している。このため、竹田教授は、教育者が教室でコンピュータタブレットやその他のデバイスなどの様々なツールを導入することで、個々の状況に適した教育と学習を提供しやすくすることを検討するよう強く求めている。竹田教授や特別支援教育の他の支持者は、成功した人々の多くは子どもの頃に学習の課題に遭遇したものの、理解のある大人の助けを借りることで、これらの課題を克服することができたと指摘している。

　前述のように、アルバート・アインシュタイン、スティーブ・ジョブズ、ビル・ゲイツは、ASD の特性を持っている（いた）と考えられている。映画監督のスティーブン・スピルバーグ、俳優のトム・クルーズ、セレブリティシェフのジェイミー・オリバー、女優・タレント・司会者・エッセイストの黒柳徹子は、子どもの頃に LD に苦しんでいたと語っている。アメリカの体操選手シモーネ・バイルズ、オリンピック水泳選手のマイケル・フェルプス、女優のエマ・ワトソンは、ADHD との闘いについて公言している。

　日本の障害者の擁護の発展を深く理解するために、戦後初期の教育者である糸賀一雄（1914-1968）の考えを改めて紹介したい。糸賀の考え方は、近年、日本や世界で起きた特別教育の動向の多くを予見していたという点で重要である。鳥取市で生まれた糸賀は、10 代の頃に洗礼を受けてから生涯クリスチャンであった。彼は 1938 年京都帝国大学を卒業後、宗教哲学を学んだ。第二次世界大戦中、また終戦直後の数年間、糸賀は滋賀県庁に勤務し、1946 年には友人の池田太郎と田村一二と共に、大津市南郷に近江学園を設立し、知的障害児と戦争浮浪児、貧困家庭の子どもたちを保護し教育を与える施設とした。1968 年に倒れるまで、糸賀は障害を持つ子どものための他にも多くの

機関を設立し、彼の経験と哲学についての本（1994［1968］; 2003［1965］）を執
筆した。

　戦後初期の日本社会においては、競争的な教育システムのもとで知性と子
どもの成功が重視されたが、糸賀は障害を持つ子どもの権利を主張した。糸
賀は、数々の執筆や講演の中で、子ども一人一人の命には価値があり、貴重
な個性を持つものだと主張した。我々は成長の各段階を等しく尊重する必要
があり、特定の段階が他の段階よりも劣っていると見なすべきではないと訴
えた。1 歳の子どもが 2 歳の子どもより 1 年発達が遅いからといって、2 歳
の子どもよりも劣っているとは考えないのと同じように、彼は「それぞれの
段階がもつ無限の可能性を信じ、それを豊かに充実させること以外におよそ
人間の生き方というものがあるべきであろうか」と書いた（2003［1965］: 305）。
糸賀は、重度の身体的および知的な障害を持つ子どもを含むすべての子ども
が自分なりに成長しており、たとえその成長が非常に遅く、ほとんど目に見
えないかもしれないものだったとしても、成長するにつれて着実に進歩して
いると信じていた（2003［1965］）。糸賀は、彼が設立した施設に住んでいる 10
代の子の例を挙げた。

　　「同じびわこ学園でのこと、寝たきりであった子が、やっと立てるようになって、
　　ベッドの柵につかまって、脂汗を流しながら、二十分間も、よろめく足をふみし
　　めているのであった。……そこには生命のゆさぶりがある」（2003［1965］:
　　303-304）

　糸賀は、重度の障害を持つ子どもたちの闘争は、尊敬と賞賛に値すると考
えていた。彼は周知のように、これらの子どもたちに光を与える必要がある
のではなく、むしろこれらの子どもたちは私たちの生活に新しい気づきを与
える、世界の光になるべきだと述べた。それを表すのが「この子らを世の光
に」（「この子らに世の光を」ではなく）という言葉である。

　糸賀は半世紀以上前に障害について書いたが、彼の考えは国連開発計画
（UNDP）が人の幸福を測る基礎をつくった「能力アプローチ（capability
approach）」の考えでも知られるマーサ・C. ヌスバウム（2006）のような現代
の社会正義の支持者によって提唱されたものと似ている（糸賀とヌスバウムの

比較は、Nakano（2021）を参照）。ヌスバウムも糸賀も、すべての子どもの発達
が保証されるべきだと考えていた。個人を尊重するという糸賀の考えは、子
ども個人の「個性」が尊重されるべきという現代的な考え方に似ている。現
代の障害の支援者の中には、障害を持つ子どもたちが他の子どもたちと変わ
らないことを強調するために、発達障害を「個性」と表現する人もいる。し
かし、障害を説明するために「個性」という言葉を使うことは、障害を持つ
子どもたちが直面する課題の深刻さを軽視し、母親と子どもの支援が不十分
になる可能性があるため反対する母親もいる。それにもかかわらず、糸賀と
ヌスバウムは、障害とそれに伴う他者への依存は人間が自然に経験しうるこ
とであるため、例外的と見なされるべきではないと考えている。また、すべ
ての人間は障害を持って生まれる可能性を秘めており、障害を持っていたと
しても、障害のない人が享受する権利と機会を与えられるに値すると考えて
いる。

4.　母親の見解

　子どもの障害に対する母親の見解は多様で、人それぞれの経験をしてきて
いる。本節での母親の見解の議論は、障害を持つ子どもを持つ母親によって
書かれた公開および未公開の記述と説明およびASDの特性を持つ子どもを
持つ母親に筆者が行った13のインタビューに基づいている。インタビュー
に協力した母親たちは、東日本の学校の管理者から紹介された。各インタ
ビューは約45分をかけて実施した。母親は主に中間層の女性で、子どもたち
の教育に熱心に取り組んでいた。サンプルは小さく、日本のすべての障害児
の母親の見解を表すことはできないが、彼女らの話は、前述のメディアや教
育者の見解の文脈で、日本の一部の母親が障害をどのように見ているかに光
を当てることができる。日本の障害児の母親を対象とした調査では、母親が
社会の中で、また自分自身の家族においても、子どもの障害に関する差別や
誤解にどのように対処しようと奮闘しているかについて探ることができた
（Kayama & Haight 2018）。調査によると、日本特有の文化的信念——近所で恥
ずかしい思いをしたり、他人からどう見られているか心配したり——が母親

の見方を形作っていた（Sato et al. 2015）。一方で、調査によると、母親は子育ての経験を通じて母親としての意義を獲得していることも示しており（Tanaka 2010）、彼女らが子どものニーズを満たすために家族や支援組織と連携したときの満足感を表明し、彼女らはまた子どもの自立と明るい未来を楽しみにしていた（Wakamizu, Fujioka & Yoneyama 2010）。

　以下では、母親たちが何に不安を抱えているのかといったことや、何が議論の争点になっているのかといったことに焦点をあてる。これにより、母親のストレスの原因や、他の人からの期待と母親が実際に経験したことがどのように矛盾しているのか明らかにすることができるからだ。最初の争点としては、子どもが障害の診断を受けることを歓迎すべきかどうかということがある。筆者は友人や教師から、障害を持っているとレッテルを貼られたくないがために、子どもに診断が下されることに抵抗を感じる母親がいると聞いた。同じような理由で特別支援学校やクラスよりも、通常の学校や通常の教室で子どもを勉強させることを希望する母親もいる。これとは対照的に、子どもが他の子どもとは異なることをわかっていつつも、他の人に理解してもらうことができなかったので、子どもに診断が下されて安心したと言った母親もいた。診断がつくことにより、彼女らの子どもの問題は遺伝的特徴によるものであり、不十分な子育ての結果ではないと保証される。家族や教師から「子育てが悪いせいで子どもが問題行動を起こすようになったのだ」と言われた人もいる。自閉症の症例は 2 つとて同じでないと言われるほど多岐にわたるが、幼児の自閉症の典型的な行動には、じっと座ることができない、大声で前触れもなく泣く、トイレトレーニングがうまくいかない、スピーチやコミュニケーション能力に問題がある、指示に従うことができない、他の子どもたちと対話することができないことなどが含まれる。診断を受ける前は、他の人たちから母親の子育てのスキルを疑われてきたが、診断後は、同じように診断された子どもの母親のコミュニティを見つけ、安心したと述べる母親もいた。

　筆者が出会った自閉症の子どもを持つ母親は、子どもが 3 歳になる前に他の子どもとの違いに気づいたものの、子どもが自閉症なのではないかという彼女の疑念は夫、家族、他の母親や教師を含む他の人たちから否定されてきたと述べた。彼女は子どもの幼い頃について次のように話した。

誰もが、うちの子はしつけがなっていない、と責めました。私は、我が子は明ら
かに何かがおかしいと思いました。例えば、話すのが遅く、3歳の時点で、パター
ン的なことばしか話しませんでした。でも、他の人は彼が発語できていることを
理由に、彼が自閉症である可能性を否定しました。早生まれだし、男の子だから、
単語を話すのが遅いのだろうと言いました。このような状況の中、私は一人で心
配していました。医者に診てもらっても、診断はつきませんでした。幼稚園に登
園したとき、大きなパニック発作を起こしました。他の子どもたちの声が気に入
らず、泣いたのです。その際には、私が甘やかしすぎたことが原因だ、と周りか
ら責められました。学校生活を送る中でストレスを感じ、精神的に不安定になっ
て、他の子に叩かれたのを彼が叩き返したのだとしても、謝らなければならない
のはいつも私でした。このようなことを繰り返してようやく、彼はやっぱり何ら
かの発達障害を持っており、他の人たちが困っているので、医者に診てもらうべ
きだと告げられました。その頃には彼は非常に不安定になっていたので、医者に
診断を与えてくれるようお願いしました。「彼は典型的な症例ではありません。
ADHDと自閉症の両方があり、軽度の発達障害を持っています」と言われまし
た。診断を受けて、何年も一人で心配してきた分ほっとしたのに加えて、これで、
今後は前に進む方法を見つけられるかもしれないと思いました。(現在18歳の息
子の母親、東京)

日本の幼稚園を含む教育機関では、集団行動で子どもたちとの付き合い方
や、他の子との交流を学ぶことを重視している。自閉症の傾向を持つ子ども
たちは、社会環境に適応することが苦手なため悪目立ちしてしまう。ある母
親は以下のように自由記述式で回答した。

私が学校で息子に会いに行ったら、支援の先生が面倒をみてくれていても、彼は
一人で泣いていました。みんなが歌っているときに教室から飛び出したり、突然
飛び跳ね、一人で笑いながら空を見ていたりすることもありました。彼は自分一
人の世界で他の子どもたちとは別に物事をしていました。他の母親が彼を見て、
静かに笑ったりささやいたりしているのがわかり、私の子育てを笑っているに違
いないと感じました。誰にも共感してもらえず、孤独でやりきれませんでした。
(現在19歳の息子の母親、京都)

母親の話では、多くの場合、子どもに「普通の」子どもと同じ基準を達成
させるために人一倍頑張らせるべきだという考えと、子どもを自閉症児とし

て完全に受け入れるべきだという考えとの間に苦悩が生じている。前節まで
見てきたように、子どもが社会的期待に従って振る舞わないとき、母親は一
般的に非難される。しかし、母親はまた、非自閉症の子どもと同じような規
範を遵守するために子どもを頑張らせることに対しても非難されている。自
閉症だけでなく、ADHD、失読症（dyslexia）などの障害を無視したり、十分
な受け入れや支援を行ったりしない母親は、うつ病や精神医学的な問題など
の「二次障害」を作り出したことで非難される。西洋医学では、これらの問
題を障害に関連するものであるとして「併存症（comorbid）」と表現している
が、日本ではこれらの問題は「二次障害」と呼ばれ、学校や家庭における不
適切な指導や環境から生じると考えられている。

　『子どもも親も幸せになる─発達障害の子の育て方─』（スバル社、2016 年）
というガイドブックの著者である立石光子は、発達障害を抱える子どもに対
し、「普通の」子どもの基準を満たすために子どもの行動を強制しすぎないよ
う、母親に促す。この点に関連して、公衆トイレでのジェットタオルに対す
る子どもの恐怖に対処する彼女自身の経験について話している。彼女は、医
者に助言を求めたときに言われたことを紹介している。

　　お母さん！　そんなことをしていると将来、二次障害を起こして、ここの病院に
　　お子さんを入院させることになりますよ！　これで苦しんでいる人がたくさん
　　いるんです。今すぐにそんな練習は止めなさい。ジェットタオルのない公衆ト
　　イレだってあるんだから、お母さんが"ジェットタオルが設置されていないトイ
　　レマップ"を作って、そこに連れて行けば済むことです。（立石 2016: 62）

　公衆トイレは日常生活を送るのに必ずしも不可欠なものではなく、彼女の
息子は日常生活の中でこの恐怖を経験することなく自然に成長できたと話し
た。しかし、多くの母親は会話、読み書き、コンビニエンスストアでの支払
い、大人になった際に仕事に就けるような準備など、子どもの能力を伸ばす
ためには全力を尽くさなければならないと感じているふうだった。それと同
時に、とある母親は子どもの限界を受け入れることで非常に救われたと話し
ている。私のインタビューに答えてくれた自閉症の 14 歳の女の子の母親は、
以下のように語った。

子どもと一緒に楽しめるまでには長い時間がかかりました。それまでは、私はいつも彼女に様々な物事を教えないといけないと思っていましたし、彼女はもっと成長できるのではないかと感じていました。しかし今は、彼女をありのまま受け入れることを学びました。

　多くの親は、子どもが障害を持っているかどうかに関係なく、子どもが現状でできることをありのまま受け入れて楽しみたいという感情と、子どもをより大きく成長させたいという感情の間で悩む。ただでさえそうであるにもかかわらず、発達上の課題を抱える子どもの親にとっては、子どもの発達が遅れているのに、子どもの可能性、子どもがその可能性に到達するのに最適な方法は定かでないため、緊張や不安ははるかに大きくなる。
　自閉症児の感覚的知覚は、非自閉症の世界では不適切とみなされる行動をもたらす。これらの行動には、食べ物の好き嫌いが激しいこと、特定のスケジュールやルーティーンにこだわること、特定の種類の音やライトへ過敏に反応することなどが含まれる。自閉症の子どもはコミュニケーション能力も低下している可能性があるため、環境に対する不快感が原因で泣いたりパニック発作を起こす可能性がある。パニック発作はどこでも起こり得るが、日本の大都市では事実上避けられない公共交通機関での移動は、予測不可能な感覚刺激、群衆、限られた脱出ルートなどの理由により、自閉症児とその母親たちにとって特に困難である。私が会った母親の中には、子どもが電車の中やバスの中で特定の座席を好んでおり、これらの座席やスペースが他の人によって占有されていたら泣くと報告した人もいた。また、自分の子どもは特定の会社の列車やバスにだけ乗ると言った母親もいた。筆者がインタビューした母親は、子どもの要望に応えつつ、他の乗客からの凝視と注意を避けるために、スケジュールを調整して余裕をもって行動したと話した。
　自分の子どもが大きくなるにつれて、世界をどのように見ているか学んだことで、子どもの視点を理解できるようになった母親もいた。とある14歳の女の子の母親は、彼女が小学生のとき、駅で特定のエスカレーターを上るたびに泣いたという体験談を語った。彼女は当初、「泣くのを止めて」と言い、「いいから、いいから」と子どもを無理やりエスカレーターに乗せていた。しかし、子どもをより理解できていれば、もっと適切に対応することができた

はずだと彼女は思い起こしている。彼女は言った。

> 駅にはエスカレーターがあり、私たちがそのエスカレーターを使うときは毎回、彼女は泣きました。私は彼女が屋根の上の鳩を怖がって泣いているものだと思っていましたが、今考えると、彼女が気に入らなかったのはエスカレーターの音だったと思います。もし私がそれに気づけていたら、階段やエレベーターを使ったりすることで対処することができました。代替案を見つけられていれば、彼女にとっては大いに助けになったことでしょう。

　他の母親はまた、自閉症の子どもを通して世界を異なる方法で見ることを学んだと話した。息子は側溝から水が溢れ出すのを見たり、家から明かりが漏れてくるのを見たりして何時間も過ごすことができると彼女は説明した。彼の視点を理解できるようになった今、彼女は以下のように語った。

> 長らく子どもと一緒に過ごした今、「このように光を見られれば、確かにきれいだな」と思います。彼と同じ視点で世界を見始め、「ああ、彼にはこのように世界が見えているのか」とわかるようになりました。そして今まで見てきた物が新しい視点で見られるようになったことに対して感謝するようになりました。

　立石は、母親に通常否定的に見なされる自閉症の特徴を強みとして見るように促し、この論理をさらに一歩進めている。「さわがしい」は「元気」で「明るい」と考えられるかもしれない。「頑固でしつこい」は「粘り強い」、「すぐに怒る」は「立ち向かう気がある」（2016:94）と考えられるかもしれない。
　自閉症児の世界観によいところもあるという考えは、教育システムと社会全体に対するより過激な批判につながるかもしれない。立石は、他の母親たちと話し合った結果、子どもが集団で行動し、全ての子どもが同じように振る舞う日本の教育制度の在り方について批判的に考えるようになった。彼女は次のように説明した。

> また、別のママに息子の写真を見せて、「こんなふうに皆と一緒に踊ったり、集団行動がとれないのよ」と相談しました。そのママは、写真の前方に整列している子どもたちを指さして「この子たち、不思議ねえ。どうして同じ格好をして

歌っているのかしら？　後ろで本を読んでいるほうがよっぽど楽しいのにね」と
息子の気持ちをわかったように言うのです。（立石 2016: 36）

　米国の自閉症権利運動やニューロダイバーシティに関する運動を行ってい
る一部の障害者権利団体は、自閉症患者は「通常の」人とは異なるが劣って
いるわけではないと主張している。しかし、この見解が主に機能をそこまで
損ねていない患者である当事者におけるものであり、より衰弱した状態の
人々の苦しみは無視されているということに対して、支援者の一部からは批
判の声があがっている事実にも留意すべきである。
　私が出会ったほとんどの母親は自閉症に関わる困難を否定するというよ
り、通常に発達している子どもの親は気づかないであろう子どもの業績に対
する感謝を学んだと話した。母親たちは、子どもが初めて一人で入浴したと
き、料理を食べて「おいしい」と言ってくれたとき、家に帰ってきた時に「た
だいま」と言ったときなどを例に挙げた。19 歳の息子をもつ母親は「私たち
の子どもたちは何年も学んでやっと基本的なことを達成します。普通に育っ
ている子どもの親も子どもの成長に対して感謝してほしいと願っています」
と語った。
　自閉症児の母親の中には、子どもの笑顔、勤勉さ、不平を言わないなど、
子どもの自然な性格を褒める者もいた。19 歳の子どもをもつ母親は以下のよ
うに言った。

　彼には毎日様々なことを学ばされます。彼は帰宅後に自分の衣類の洗濯を担当し
　ているのですが、自閉症の性格上、どんなに疲れていても毎日必ず洗濯を欠かし
　ません。私はそれができないのでこの点に関しては彼を尊敬しています。この他
　にも、彼はたくさん私を助けてくれます（笑）。

　自閉症の子どもたちは、いつも他人の助けを必要とし、一人で自立して生
活を送ることは決してないかもしれないが、母親の中には、子どもの存在そ
のものが他人に感謝と思いやりを教えることで社会に貢献したと言う人もい
る。自閉症と非自閉症の子どもたちが交流する、自閉症の子どもたちのため
の私立学校に子どもを入学させた母親は次のように述べている。

（通常に発達している）子どもたちが成長したときに、世界にはこのような人々がいるのだということを理解し、彼らがそれについて他の人に伝えることができれば、私たちの子どもたちがより生きやすい世界になります。私の息子がこのような理解を生み出すことに少しでも役に立つことができれば、それは良いことだと思います。

一部の母親は、子どもが彼女らを母親にしてくれた幸せという観点から子どもの価値を表現した。立石は次のように述べている。

親にとって育てにくいわが子。でも、どんなに親の手を煩わせる子でも、将来仕事に就けなくても、社会に役に立つ人間になれなくても、私はこの子が居てくれるだけで幸せです。そういう意味でも、息子はものすごく貢献している人なのかもしれません。（立石　2016: 237）

多くの障害を持つ子どもの母親は子育てに喜びを見つけた一方で、子どもをおいて先立ったときに起こることについて心配している。親のいない将来に備えて、教育者は一般的に、障害のある子どもたちは、自分で行動ができない場合に助けを求め、受け取ることができる「愛される人」へと成長するべきだという見解を示している。

アメリカのニューヨーク州で Landsman（2009）のインタビューを受けた重度の障害を持つ子どもの母親たちは、子どもが無条件の愛の喜びを教えてくれたと主張した（147-149）。Landsman は、この意見は、障害を持つ人々は他者に何も与えることができず、誰かに頼らなければならないというアメリカでの一般的な考えと矛盾していると書いている（2009:146）。また、糸賀一雄（1967; 2003）は、Landsman と同じように、重度の障害を持つ子どもたちの、非常に困難な状況にあっても生き育つ人間の精神の力を示すことで、世界に貢献する能力を強調した。糸賀はまた、彼の解釈は、障害を持つ子どもたちが世界に貢献できずに哀れであるという従来の考え方に異議を唱えるものであることを理解していた。

筆者がインタビューした母親たちも同様に、自閉症の子どもが彼らに与えた恩恵について話してくれた。子どもから受け取った恩恵を強調する母親の

在り方は、母親が子どもの行動のために非難されたり、子どもの発達結果に
責任を負わなければならないためにつらい目に合う従来の在り方とは異なっ
ている。インタビューの過程で、母親たちは単一のモデルに従わないことが
多く、様々なモデルの母親に出会った。例えば、母親が妊娠中も働き続けた
ことが子どもの自閉症の原因となったのではないかと疑問に思っている「母
が責任を感じるモデル」と、自閉症の息子の通常発達している妹が自閉症の
兄弟を持つ経験を通じてどのように思いやりを育んだのかという賞賛にコメ
ントした「ギフトモデル」に共に当てはまる母親に出会った。自閉症の息子
が自転車から落ちて恐怖で叫び始めたとき（彼は怪我をしなかった）、彼の妹
は彼の側に急いで駆け寄り、彼を慰め、落ち着かせた。母親は、彼女の娘は
自閉症の兄弟の存在なしにはこれらのスキルと考え方を身に付けなかっただ
ろうと指摘した。

おわりに

　結論として、日本の政策、マスメディア、教育者、母親など、社会の多く
の分野が、障害に対する理解を深める方向に向かっていることがわかった。
しかし、メディアの報道の多くは、障害を持つ人々を共通の人間性を共有す
る特定の課題を持つ人々ではなく、「普通の」人間とは異なるものとして提示
している。これらの「健常者」と「障害者」の区別は、障害を不適切な育児
の結果ではなく医学的カテゴリーとして認識し、それを人間の経験における
自然な特徴というよりも問題と見なす医療モデルの台頭による、意図しない
結果である可能性がある。医療的診断によって、母親が子どもの障害と問題
のある行動に責任があるという考えに異議を唱えることができた。しかし、
一部の母親はまた、子どもの障害を問題と見なす医療の在り方に対しても疑
問を呈している。すなわち、糸賀一雄のような教育者や支持者の考えに沿っ
て、子どもたちは自分の性格の強さと、他の人に愛と思いやりを与えること
によって、人々の人生と社会に貢献したと主張する母親である。彼女らは子
どもの障害が日常生活を送る上で困難であり、その子どもの特徴の一部であ
るとは認識したが、障害が子どもの最も重要な特徴であるという考えは拒絶

した。言い換えれば、母親へのインタビューは、社会が障害の医学的見解を採用し続けても、母親はこのモデルを完全には受け入れていないことを示した。代わりに、母親は子どもの自然な性格の強さと、子どもが成長するのを見ることで母親として得られる満足感を強調した。

　子どもの人生の価値に対する考え方は社会ではあまり知られていないが、人間の価値を計る代替モデルを見つけ、より思いやりにあふれたインクルーシブな社会を作る上での重要な手がかりであると言えよう。

　障害児を持つ母親が直面する問題は、すべての母親が直面する問題より大きいという意味ではない。女性が結婚していて、配偶者を支援し理解している場合でも、母親は主に子どもの行動と学習成果に責任があると見なされてしまう。この期待は、特に子どもが幼く、母親が子どもにどのような行動や学習成果を期待すべきかについて確信が持てない場合に、母親に大きな圧力となる。

　とはいえ、特別支援を必要とする子どもたちの母親は、3つの基本的な方法で安心感を得ていた。第一に、子どもの担任の先生と学校が子どものニーズを理解し、適切なサポートサービスを提供すれば、母親は大いに安心した。しかし、これは、教師が親切であるが研修とリソースが不足している通常の公立学校では達成するのが困難であった。第二の安心の拠り所は、母親が特別支援が必要な子どもを持つ他の母親を見つけることができることであった。他のそのような母親に会うことは、母親が共同体の感覚を見つけることを可能にし、経験の共有を容易にした彼女たちの孤立感を大いに軽減するのを助けた。ただし、母親のコミュニティを見つけるには、母親が通常の学校制度以外の教育プログラムに子どもを登録するための時間と財源を持っている必要があった。第三の救済は自然と得られる。つまり、子どもが成長するにつれて、母親は自分の子どもがそれぞれ自身の特定の才能と能力を持っている良い人間であることに気づいていくのである。母親たちは、障害のある人は障害のない人と何ら変わらないこと、そして他の子どもが親に喜びをもたらすのと同じように、自分の子どもが親に大きな喜びをもたらしたことを他の人に知ってもらいたいと願うだろう。

　障害のある子をもつ母親は、社会が障害に対する見方を変えてほしいと

思っている。彼女たちは、自分の子どもの人生のさまざまな瞬間にさまざま
な種類の支援が必要かもしれないが、人間としての私たちの共通点は医学や
教育のラベルを超えていることを私たちに知らせてくれるのだ。

【謝辞】
本稿は香港政府・大学教育資助委員会（University Grants Committee）研究資助局
（Research Grants Council）（プロジェクト番号：14609818）の助成を受けた。
（翻訳　大谷順子・玉田雪菜）

【課題】
発達障害のある子どもについて書かれた文献を読み、発達障害の子どもをもつ母親
の気持ちになって、個々の事例にどのように取り組んでいくことができるのか、考
えてみましょう。

【読書案内】
糸賀一雄『この子らを世の光に―近江学園二十年の願い』柏樹社、1965 年 /［復刻
版］NHK 出版、2003 年
　糸賀一雄は、1946 年、終戦後の混乱期に知的障害児施設「近江学園」を創設し
た。その後、重症心身障害児施設「びわこ学園」など多くの施設を創設していった。
知的障害児の福祉・教育の先駆者として、その実践と研究を精力的に行い、20 世
紀の福祉実践家として著名の人生読本であると同時に、日本の社会福祉事業の貧困
を深く考えさせる告発の書でもある。65 年柏樹社刊の復刊。

糸賀一雄『福祉の思想』NHK 出版、1968 年／［復刻版］1994 年
　福祉は西欧先進国の施設を真似ることや哲学的探究ではなく、人間の価値をふま
えた心と行動的実践である。知的障害児施設・近江学園を創設した著者が、貴重な
体験を通じ福祉への対策、理解、積極的協力を求める。冒頭の言葉、『この子らを
世の光に』は，知的障害児（福祉）の父といわれ続ける糸賀一雄（1914-1968）が
最期に残した言葉である。

ヌスバウム、M. C.『正義のフロンティア：障碍者、外国人、動物という境界を超
えて（サピエンティア）』法政大学出版局、神島裕子訳、原著：Nussbaum, Martha
C. Frontiers of Justice: Disability, Nationality, Species Membership (The Tanner
Lectures on Human Values), Belknap Press: An Imprint of Harvard University
Press, 2007
　健常者／障害者、国内の人／国外の人、人間／人間以外の動物は、これまでリベ
ラリズムにおいて恣意的な境界によって分断され、差別的な扱いを受けてきた。

ロールズが正義の主題から排除せざるをえなかった存在者を、政治哲学、法哲学、倫理学、国際開発論その他の分野を横断しつつ、センを踏まえた独自の可能力アプローチによって包摂し、現代リベラリズムに一石を投じる書である。

【参考文献】

Kayama, M. & Haight, W. (2018) Balancing the stigmatization risks of disability labels against the benefits of special education: Japanese parents' perceptions. *Children and Youth Services Review*, 89, 43-53.

Kuwato, M. & Hirano, Y. (2020) Sense of coherence, occupational stressors, and mental health among japanese high school teachers in Nagasaki Prefecture: a multiple regression analysis. *BMC Public Health*, 20, 1-8.

Landsman, G. H. (2009) *Reconstructing motherhood and Disability in the Age of "Perfect" Babies*. New York & London: Routledge.

Mithout, A. -L. (2016) Children with disabilities in the Japanese school system: a path toward social integration? *Contemporary Japan*, 28(2), 165-184.

Nussbaum, M. (2006) *Frontiers of Justice: Disability, Nationality, Species Membership*. Cambridge: Harvard University Press.

Sato, N., Araki, A., Ito, R. & Ishigaki, K. (2015) Exploring beliefs of Japanese mothers caring for a child with disabilities. *Journal of Family Nursing*, 21(2), 232-260.

Teruyama, J. (2014) *Japan's New Minority: Hattatsu Shōgai (developmental disability)*. Ph.D. dissertation. University of Michigan.

Wakimizu, R., Fujioka, H. & Yoneyama, A. (2010) Empowerment process for families rearing children with developmental disorders in Japan. *Nursing and Health Sciences*, 12, 322-328.

糸賀一雄 (1965)『この子らを世の光に―近江学園二十年の願い』柏樹社／［復刻版］(2003) NHK 出版

糸賀一雄 (1967)『福祉の思想』NHK 出版

立石美津子 (2016)『立石流　子どもも親も幸せになる発達障害の子の育て方』すばる舎

田中美央 (2010)「重症心身障害のある子どもを育てる母親の子どもへの認識の体験」『聖路加看護学会誌』第 14(2)号、29-36 頁

中野リン (2021)「糸賀一雄の思想とマーサ・C・ヌスバウムの可能力アプローチの比較」（永岡美咲訳）（第 13 章、203-216 頁）渡部昭雄、國本真吾、垂髪あかり編、糸賀一雄研究会著 (2021)『糸賀一雄研究の新展開―ひとと生まれて人間となる』三学出版

東田直樹 (2017)『自閉症の僕が飛びはねる理由』KADOKAWA

コラム5　幼保園──就学前の子育て環境──

　筆者はかつて、学内保育園の園児たちが美しいキャンパスの自然の中で散歩するかわいらしい様子を見かけると、わが子もあの中に入って恵まれた楽しそうな幼少期を過ごしてほしい、と思っていた。しかし、同時に、入園の申し込みの時には、「もう預けないといけないのか」「もっと手元に置いておきたい」という気持ちもあり、本当に入園のときになると、「いよいよ保育園に取られてしまう！」という感情さえ持ったことを思い出す。

　はじめは、泣く子に後ろ髪を引かれながら置いていっていたのが、じきに、朝、保育園の先生に迎えてもらい、おともだちやおもちゃのところに走っていくようになる。こちらも安心して、職場に向かう。この貴重な時間に効率よく仕事を片付けていかなければ！と気を引き締める。ありがたいことに私を必要としてくれているのは我が子だけでない、学生たちもであり、私の仕事に彼ら彼女らの人生がかかっている。

保育園にはいつから？

　働く母親の多くは保育園に子どもを預けることになるが、いつから預けるのか。待機児童の問題などもある中、「ゼロ歳のころから入園させないと入れられなくなるので、無理にでも入れる」という事例もめずらしくない。

　ハリスの代表作である『子育ての大誤算』The Nurture Assumption は1998年に最初に出版され、2009年に改訂版が出版された。本書では、彼女は「大人の性格は主に両親によって育てられた方法によって決定される」という考えに挑戦した。彼女は、人間の性格は親の環境の影響を示すと主張する研究を見て、ほとんどが遺伝的影響を制御できないと主張した。本書では、子どもの主な社交エージェントとして家の外の影響に注目しており、仲間は人格の発達において特に重要であることを示している。ハリスは、子どもたちは両親や他の大人ではなく、クラスメートや遊び友達と自分を同一視し、その性格はグループに適合するため、または特定の人と競争するための努力によって形成されると主張した。その初版と改訂版の出された間に、リドレーは、『やわらかな遺伝子』（2004）で、人間の性格や知能は、生まれ（遺伝子）が決めるのか、育ち（環境）が強く影響するのか、という問いかけを考察した。

保育園・幼稚園・子ども保育園　そしてさらに多様化する選択肢

　日本では義務教育は小学校と中学校（6-15歳）となっているが、義務教育の期間は国によって異なる。英国（UK）の場合は、イングランドが5-18歳、スコットランドとウェールズが5-16歳、北アイルランドで4-16歳となっている。

　2018年、日本でも義務教育を3歳からとする議論が検討された。義務教育の年齢を下げることで無園児の問題への対策、幼児虐待の予防など社会問題に取り組む

 こともできる。同じ時期に議論が起きたフランスでは 2019 年から義務教育の開始
年齢を 3 年繰り下げ、3 歳からとなった。フランスは、人口の少子高齢化に対する
対策が功を奏し、ひとびとがまた子どもを産むようになった・産めるようになった
国としても有名である。そのひとつの要因は、結婚していないカップルの間に生ま
れた子どもも差別をうけることなく、法的にも同じ権利が保障されていることであ
る。未婚で出産する人が同じように認められたことも、出生が増えるようになった
背景要因と言われている。夫婦別姓の自由もある。夫婦別姓の選択が認められない
日本では多くの場合、働く女性が多くの犠牲と労力を払うことになっていることが
知られている。男性の場合も、婚姻により妻の名前に改姓した男性が、投資におい
て名義変更により多額の損失を被った事例などで裁判も何度か起きているが、改正
されていない。

　日本では文部科学省（以下、文科省）が義務教育の開始年齢を引き下げないかわ
りに、2019 年 10 月 1 日には 3 歳から就学前の児童の幼稚園・保育の無償化が始
まった。しかし、これは、義務教育化とは同じではない。3 歳（幼稚園）からの義
務教育化の議論は行われたが、実現しなかった原因のひとつに、幼稚園と保育園と
の間の壁が言われる。幼稚園・保育園・認定こども園の質を同じにするという指針
の改定が、2017 年になされた。

　保育園には、認可保育園、認可外保育園、企業主導型保育施設などいろいろなタ
イプがある。認可保育園は、親の収入によって保育料が異なる。入園は自治体に申
請して、第 1 希望からいくつかリストアップできるが、行政が入園者を決める。大
阪大学学内保育園を含め事業所内保育園は認可外保育園になり、その施設をもつ企
業や大学が入園者を決めることができる。英語保育のプレスクールも認可外保育園
のものが多いが、保育所でもネイティブ教員による英語保育を取り入れていると
ころもある。

　幼稚園は文科省の管轄で、保育園は厚生労働省の管轄となっている。親が働いて
いる場合の子どもの預け先は保育園となる。保育園は夏休みもなく、夕方まで終日
預かって保育をしてくれる。

　保育園に所属する園児はゼロ歳児からである。幼稚園は 3 年保育であれば年少の
3 歳児から、2 年保育であれば年中の 4 歳児から始まる。

　2006 年にできた認定こども園は幼保一体型施設であり、内閣府の管轄となってい
る。もともと幼稚園から子ども園に移行したものなどいくつかタイプがあるが、
簡単に言えば、幼稚園と保育園があわさったものである。幼稚園の後、親が仕事を
終わって迎えに来るまで保育園で預かってくれる。

表1　保育所、幼稚園、認定こども園とプレスクールとの比較表

	保育所	幼稚園	認定こども園	プレスクール
所管	厚生労働省	文部科学省	内閣府・文部科学省・厚生労働省	内閣府（認可外保育園に相当）
根拠法令	児童福祉法に基づく児童福祉施設	学校教育法に基づく学校	就学前の子どもに関する教育、保育等の総合的な提供の推進に関する法律	
目的	「日々保護者の委託を受けて、保育に欠けるその乳児又は幼児を保育すること」（児童福祉法第39条）	「幼児を教育し、適当な環境を与えて、その心身の発達を助長すること」（学校教育法第22条）	幼稚園及び保育所等における小学校就学前の子どもに対する教育及び保育並びに保護者に対する子育て支援を総合的に提供	バイリンガル教育
対象	保育に欠ける乳児・幼児（特に必要があるときは、日々保護者の委託を受けて、保育に欠けるその他の児童を保育することができる）	満3歳から小学校就学前の始期に達するまでの幼児（学校教育法第26条）。従来は小学校等の入学年齢と同様に4月1日に満3歳に達していることを条件とされていたが、近年一部の幼稚園では満3歳の誕生日の前日から入園できるようになった	保育に欠ける子も欠けない子も受け入れて、教育・保育を一体的に行う。すべての子育て家庭を対象に子育て不安に対応した相談等を提供する	2-5歳児（就学前）
教育・保育内容の基準	保育所保育指針による（幼稚園教育要領との整合が図られている）	幼稚園教育要領による（保育所保育指針との整合が図られている）	保育所保育指針に基づく保育幼稚園教育要領に基づく教育	

	保育所	幼稚園	認定こども園	プレスクール
ねらい・内容	子どもの発達の側面から「健康」「人間関係」「環境」「言葉」「表現」の5領域と「生命保持」及び「情緒の安定」にかかわる事項で示される	幼児の発達の側面から「健康」「人間関係」「環境」「言葉」「表現」の5領域から示される		
1日の教育・保育時間	8時間（原則）。夜間の保育を実施する保育園もある	4時間（標準）。概ね幼稚園では、この基準どおり運営されているが、子育て支援として、預かり保育が実施されるようになり、保育園と変わらない長時間保育を実施している幼稚園もある	4時間利用にも8時間利用にも対応	4時間利用（ショート）にも8時間利用（ロング）にも対応
年間の教育・保育日誌	規定なし	39週以上	入所児童に応じて施設で決定する	
教員等の資格	保育士資格証明書	幼稚園教諭普通免許状	0-2歳児は保育士資格、3-5歳児は両資格併用が望ましい。当分の間は、どちらか一方の資格で可	基本は、ネイティブの教師（幼児教育専門が多い）。低年齢児担当は、ネイティブとバイリンガルの日本人保育士・幼児園教諭がペアで担当することが多い

	保育所	幼稚園	認定こども園	プレスクール
保育料等	保護者の課税状況に応じて市町村が決定する。保育量は市町村に納付する	各幼稚園の設置者（学校法人、自治体等）が決定する。保育料は幼稚園（公立の場合は自治体）に納付する。設置者によりその金額は様々である。私立幼稚園の在園児の保護者には就園奨励費等の補助金が支給される制度がほとんどの自治体に設けられている	利用時間をふまえ、設置者が決定する	利用時間をふまえ、設置者が決定する。2019 年10 月からの無償化の対象となっており、3 歳児以上では、月額3 万 7,000 円の助成金を、在住の市に申請できる
一学級あたりの幼児数及び一教員（保育士）当たりの幼児数	一学級当たり乳幼児数／学級編成基準無し。一保育士当たりの乳幼児数は児童福祉施設最低基準によると乳児 3 人、1 歳以上3 歳未満児 6 人、3 歳以上 4 歳未満児 20 人、4 歳以上 30 人	一学級当たり幼児数／設置基準35 人以下（原則）	0-2 歳児に対しては保育所と同様の設置が望ましい。3-5 歳児は概ね子ども 20 人から 35 人に 1 人	
認可外施設	最低基準を満たさない等の理由の他に、休日・夜間保育など、保護者の様々なニーズに対応するために意図的に認可を受けていない施設がある	幼稚園という名称は設置基準を満たし認可を受けた施設以外は使うことができない	認定施設以外は「認定こども園」と表示することを禁じられている	

	保育所	幼稚園	認定こども園	プレスクール
メリット	保護者の就労等、長時間の保育を必要とする場合に、その子どもの生活のリズムに沿った保育が受けられる。0歳児から預けることができる。また、夜間の保育を実施するところもある。土曜日も保育があり、原則として夏休み等の長期の休みはない	施設での教育と家庭での子育てがバランスよく行える	保護者の就労の有無にかかわらず、同じ施設に子どもを預けることができる。保育所型でも学校教育法に基づく教育を受けられ、幼稚園型でも長時間保育が受けられるので、施設の選択肢が増える。子どもが通園していない家庭でも育児相談等の子育て支援が受けられる	イマージョン教育。幼少期に遊びながら英語を習得することができる。卒園後は、日本の小学校に通学しながらアフタースクールとサタデースクールで英語力を維持し、英検は上の級を狙う。アフタースクールは学童保育の時間で、「小1の壁」に対応。転園することなく、ロングとショートの利用時間の変更ができる

幼保一元化

　幼保一元化政策が進められ、2015（平成27）年から、園の職員の資格取得についても移行措置が取られており、例えば、保育士の資格から幼稚園教諭の資格を取得するために、免除科目を含め期間限定の取得方法が利用できるようになっている。

　親は、子どもを幼稚園に通わせるのか、保育所に通わせるのか、認可こども園という新しい選択も含めて考えていくことになる。特に母親は自分が仕事に復帰するタイミングと合わせて悩むことになる。以前は、幼稚園に通っている子どものほうが学習が進んでいると言われ、保育園出身だと教育が不十分なのではと言われることも多かったようである。教育を考える母親は働きながらでも、幼稚園に転園させたりするといった話も少なくなかった。小学校受験を考えていればなおさらである。

　しかし、幼稚園と保育園の差がなくなってくる方向で、現場では様々な議論もある。反発が大きいのはむしろ、幼稚園側からであるかもしれない。幼稚園教諭からは、時間が限られているので、それだけの準備をして教育ができるが、長時間となると同じ質を保つことは難しい、という声があがっている。

（大谷順子）

コラム6　現代の多様化する幼児教育

プレスクールと英語教育の低年齢化

　社会の様々な変化の例として、日本における幼児の英語教育を挙げよう。認可保育園でも、英語を導入して保育を行い、園児たちも英語で話すようになるなどの英語力をつけることが「売り」の園も登場している。

　あるいは、英語環境のインターナショナル・プレスクールも近年、選択肢のひとつとなってきている。こちらは、日本の学年暦で言えば、年少々に相当する2歳児クラスからである。認可外保育園や幼保園ともいうが、「幼児教育・保育の無償化」の対象となったことから（無償化というが、認可保育園のように全額無償にはならず、月額3万7,000円上限の補助）、一般市民にも手が届きやすくなった。その結果、日本人の子どもも多く通うようになった。この業界は、ここ数年で急速に変化しており、子どもに英語を教えたいと考えた母親などが起業して急発展している。学校経営は初めに授業料を払ってもらえるので、起業しやすい業界でもある。

　前述のように2019年10月の幼児教育・保育の無償化により、幼児期におけるバイリンガル教育が一般人にも手の届くものになった。現場では、インターナショナル・スクールで行われてきた教育を取り込みながら、日本の教育の素晴らしいところと兼ね合わせた、日本型国際教育とも言える教育が目指されている。日本の年間行事を通して文化や日本の物語・歌も学び、海外の文化も楽しみながら日本文化に馴染めるようになっている。これは、多くの国際的な育ちを経験してきた苦労も背景に持つ教員側の願いや、経営者側の理念としても掲げられている。

　さらに、幼児教育における英語の導入に後押しをする背景に、2017（平成29）年の新学習指導要領の移行期間3年を経て、2020年の教育改革での英語教育の低年齢化、すなわち小学校の英語教育の変化がある。コロナ禍の教育に関するニュースばかりで陰になっているが、実は、2020年度にはすでに、これまで5年生からだった英語の授業が3年生からとなっている。それであれば、言語能力の発達の時期を考え、幼児期より英語に慣れ親しんでおくのがいいと多くの親が考える。

　日本の学年では幼稚園に相当するクラスから、国際バカロレア（IB）のPYP（3-12歳を対象とするプライマリー・イヤーズ・プログラム）のカリキュラムを取り入れて幼児教育を行っている園もある。IBは、もともとはイギリスの外交官のこどもなど海外転勤を繰り返す子弟が行ける大学がなくなることを防ぐためにヨーロッパで考案され、スイス民法典に基づく財団法人である国際バカロレア事務局（本部ジュネーブ）が置かれて、国際バカロレア資格（International Baccalaureate Diploma）を授与している。

コロナ禍での保育園

　新型コロナパンデミックは教育に非常に大きな影響を与えたが、その影響を受けたのは特に子どもと母親である。学校ではオンラインクラスの導入が取られたが、

　当然のことながら、学校の閉鎖は仕事を調整しなければならない親など、子どもの世話との両立に厳しい状況を作り出した。子育て世代の親、特にひとり親世帯では育児と仕事の両立が非常に厳しくなった。

　保育の現場では、マスクをしたままの保育士たちとの触れ合い、いつも手洗いや消毒をしている現場で、子どもたちの発達にどのような影響が出るかはまだこれからわかっていくことである。

　学校での教育は、教科書の内容を伝えるだけでなく、人間の発達の意味から非常に重要な要素を数多く持ち、オンラインで置き換えることに難しさもある。したがって、コロナ禍による休園・休校が教育の質に大きな直接的な影響を与えたことは容易に想像できる。オンライン授業を行える環境があるかに家庭環境の違いが顕著に現れたことも社会問題として明らかになった。コロナ禍は、多くの国や社会で教育格差を明らかにしている。

　新型コロナウイルス感染症について、はじめは高齢者や基礎疾患のある人に注意がなされていたし、現場の医療従事者などがエッセンシャル・ワーカーの主たるものとして考えられていた。ワクチンを打つ優先順位を見ても、はじめ、保育士はその対象に入っていなかった。

　2020年4月ごろから、保育の現場での「3密」によって感染への不安が高まった。さらに、当時はマスクも流通していない状況であったことも含め、一歩遅れて保育士への感染が注視されるようになった。保育士らも、国内の感染者が増える中、園での感染拡大や電車通勤に不安を抱えていた。保育園は子どもとふれあうため、密集、密室、密接の「3密」がなかなか避けられない。マスクや消毒液などが不足したままの現場で日々の保育を行わなければならない。さらには、マスクをしたままの保育者と話す乳幼児の発達への影響も議論されるようになった。そんななか、2021年4月19日に、東京都内初の保育園での変異株クラスターが報告された。

　1年経ってやっと遅ればせながら、保育士のワクチン接種も優先するという自治体（例：福岡）が出てくるなど、保育園でのクラスター発生や、働く親を支えるため休園にできない状況への認識が共有されてきたとも言える。

　そのような状態で、保育の現場は、休園できない、働く親たちを支えなければならないといった重責、また「新型コロナ感染者が園内で出た」、「感染者を出した」といった風評被害や差別を恐れ、対応にも混乱していたこともある。

　そのような時期を越えて、園でも新型コロナ感染症拡大予防に関するポリシーが定まってきた。休園をできるだけせず、感染状況の情報も公開しながら、不安や差別意識をあおるようなことはないように、園児ら、その家族ら、そして教職員らの健康と福祉を守りながら運営を続ける方法を模索していくことになる。

　保育現場で高まり続けるストレスには、保育士に対する保護者からの厳しい視線、保護者との間で生じる不信感や軋轢、散歩などの場面で社会から受ける冷やや

かな視線や暴言などが絡んでいる。コロナ禍では、前述のように現場で働く医療従事者に対するほどの注目を保育士は浴びてこなかったと言えよう。しかし、保育士も 3 密を避けられない現場で、医療従事者らエッセンシャル・ワーカーの子どもたちを保育することでその人たちの生活を支えたり、また、孤立しがちな母親たちをも支えている。保育にかかわるすべての人を支援するために、これまで以上に、積極的・意識的に他者とつながることが大事である。コロナ禍でキーワードとなった「つながりあう」ことが大切である。

　新型コロナ時代には、保育に携わる人々への影響と、子どもたちへの影響を考える必要がある。新型コロナ時代の「新しい生活様式」つまり、他者と身体的距離をとる、3 密を避ける、会話は真正面を避ける、マスク着用、ということと、保育・子育ては両立するのか。

　人は他者との密・接触を基本とする社会的環境のなかで生存してきた。乳幼児の脳の発達には、他者との身体接触経験が不可欠であり、環境経験は、その後の脳と心の発達に影響する。たとえば、マスクをした他者との接触が日常化することで生じるリスクとは、どのようなことになるのか。パンデミックが収束しても、他者との身体的距離をとったコミュニケーションやオンラインコミュニケーションはニューノーマルとなるであろう。これが子どもたちの発達にどのような影響を与えるのか、まだわからない。これも我々は自然実験に投げ込まれた、という所以である。

　保育士は、人の脳と心の発達を守る環境経験を提供するプロフェッショナルである。家庭や保育現場、社会で顕著に起こった問題とその対応策と効果、そして、環境変化が子どもたちの行動や精神面にもたらした変化と時期、親や子どもへの対処の仕方とその効果、保育活動の制約、そこで生じた課題などに関するデータを収集しての研究などは、これから発表されていくことであろう。

（大谷順子）

【読書案内】

可知悠子『保育園に通えない子どもたち―「無園児」という闇』ちくま新書、2020 年

　著者は、北里大学医学部公衆衛生学単位・講師。

　保育園にも幼稚園にも通えない「無園児」の家庭に潜む闇を、丹念な研究と取材で明らかにした問題作。日本全国に 3 歳から 6 歳児で 9.5 万人いると言われている無園児。無園児は医療ケア児、発達障害児、外国籍の子などに多い。その実態と就園の障壁について、全国 4 万人を対象とした研究の成果と、無園児の家庭や支援団体への取材を紹介。「幼児教育義務化」についての NPO 法人フローレンス代表との対談も収録。

中野円佳『「育休世代」のジレンマ―女性活用はなぜ失敗するのか?』光文社新書、2014 年

　著者は東大卒、日本経済新聞社入社。育休に合わせて立命館大学で執筆した修士論文を本書として出版。東大卒の母親のコミュニティ「東大ママ門」立ち上げ人。

　昔に比べれば、産休・育休や育児支援の制度が整ったかに見える今、それでも総合職に就職した女性の多くが、出産もしくは育休後の復帰を経て、会社を辞めている。男性と肩を並べて受験や就職活動にも勝ち抜き、出産後の就業継続の意欲もあった女性たちでさえ、そのような選択に至るのはなぜなのか。また会社に残ったとしても、意欲が低下したように捉えられてしまうのはなぜなのか。この本では、実質的に制度が整った 2000 年代に総合職として入社し、その後出産をした 15 人の女性 (=「育休世代」と呼ぶ) に綿密なインタビューを実施。それぞれの環境やライフヒストリーの分析と、選択結果との関連を見ていく中で、予測外の展開にさまざまな思いを抱えて悩む女性たちの姿と、そう至らしめた社会の構造を明らかにする。

佐々木由美子『多文化共生保育の挑戦―外国籍保育士の役割と実践』明石書店、2020 年

　著者は足利短期大学こども学科教授。本書は立正大学社会福祉学研究科に提出された博士論文をもとに刊行されている。

　外国籍児の育ちを保障するためにはどうしたらよいのか。在日外国人集住地域の群馬県大泉町での現状や課題を、丹念な聞き取り調査から描き出す。多文化コミュニティにおける外国人の子どもの発達の鍵を握る外国籍保育士の役割や実践について新たな可能性を探る。

第３部

育てる

４歳児の描いた「私の家族」
実際の家族構成とは異なる、核家族ではないイラスト
が描かれている。

第6章
「ユニバーサル社会」の子育てとは
──With-Corona の状況に直面した教育学者である
父親としての雑感──

北村友人

はじめに──子育てのプロって誰？──

　誰もが暮らしやすく、誰もが参加できる社会のことを「ユニバーサル社会」という。この言葉が日本では広く使われてきたが、2015年に国連の目標である「持続可能な開発目標（SDGs）」が採択されて以降、同じような意味を持つ言葉として「持続可能な社会」がよく使われるようになっている。

　SDGs では「誰一人取り残さない」という標語を掲げているが、たとえば子育て世代にとっても、高齢者にとっても快適で暮らしやすい社会というのは、誰にとっても暮らしやすい社会のはずである。もちろん、高齢者には高齢者特有の対策が必要であり、障害を持った人にはその障害に応じた対策が求められ、子育て世代にとって必要な対策もすべて同じなわけではない。しかし、いろいろなことを抱えている人たちにとって住みやすい社会は、誰にとっても暮らしやすい社会であり、ユニバーサルな社会、かつ、持続可能な社会となるはずである。本章では、そうした視点から、今日の日本社会における子育てのあり方について考えてみたい。

　また、子育てをしていると、普段、気付かないことに気付ける場面が多々ある。子どもが生まれて、いろいろと面白いことや困ったことが起こったりするのだが、日々の忙しさのなかで、そうした事柄について忘れていってしまうことに気付いた。そこで、自分のメモとして子育て日記のようなものを付けることにした。それを「教育学者の父親子育て日記」と題したブログとしてホームページで公開したところ、幸い、さまざまな人に読んでいただくことができた（https://www.blog.crn.or.jp/report/09/02/）。

　このブログは、私自身の日常生活の中で、子育てを通して気付いたことや起こった出来事を綴っている。それに加えて、それらの事柄が社会的にどのような意味を持っているのか、教育学的観点から見たときに何が見えるのか、といったことについても触れている。多くの方に読んでいただき、共感してもらえているのだが、このブログを通して私が伝えたかった一番大切なメッセージは、教育学者といってもあくまでも学問としての教育学のプロであり、子育ては素人なんだ、ということである。だから、教育学者である私が子育てにおいて困ったり悩んだりしている様子を伝えることで、同じように悩んでいる親世代の人たちに、少しでも気楽になっていただけるとありがたいと思って書いていた。なぜなら、すべての親が、最初は子育ての素人で、子育てをしていく中で、だんだんと子育てについて学んでいくのだと思うからである。

　それと同時に、子育て日記を書いていてよく考えたことは、いわゆる「モンスター・ペアレンツ」と呼ばれる親たちのことである。学校に対して過剰なクレームをつけたり、先生に対して高圧的な態度に出たりする保護者のことを、モンスター・ペアレンツと呼ぶのは、よく知られている。近年、学校現場でこうした親の存在が問題になっているが、モンスター・ペアレンツの中には、若い女性の先生や、年配でも子どものいない先生に対して、「子育てをしたことがないくせに、子どものことが分かるのか」などと言って接する親がいるという。そのような保護者は、明らかに勘違いをしている。先ほど述べたように、親というのはもともと子育ての素人で、年月をかけて、徐々に子育てのプロになっていくが、あくまでも少数の子どもに接するプロに過ぎない。それに対して、先生は、30人や40人といった数の子どもたちと接するプロである。そうした先生たちが身につけている能力やスキルは、親が子育てを通して獲得したものとは、かなり異なるのは当たり前である。その点を理解せずに、「子育てをしたことがないと、良い先生にはなれない」といった態度で、先生に対して高圧的な態度に出るような親は、明らかに勘違いをしているのだ。

　私自身、子育てを通して、子どもと接することの面白さと同時に、子どもを理解することの難しさを痛感している。そうした経験を通して、やはり教師というのは大勢の子を相手にするプロなのだということに、改めて気付い

てきた。それに加えて、私のような教育学者も、子育てについてはやはり素人なのだが、子どものことや教育について客観的な視点から考えるプロなのだな、ということを改めて感じたりもしている。

　こうした視点にもとづきながら、ユニバーサル社会における子育てのあり方について、本章では私なりの考えを述べていきたい。また、とくに 2020 年から感染拡大が続いている新型コロナウイルス感染症の影響が、教育の現場や子育ての場にどのように現れているのかについても触れてみたい。

　本章では、父親であり、教育学者でもある私が、自らの子育て経験を踏まえながら、これからの時代の子育てのあり方を考えてみたい。それを踏まえて、学生の皆さんには、現在の日本社会における子育てについて理解を深めると共に、誰もが豊かな子育てをできるようなユニバーサル社会を実現するためには、どのような課題があり、それをどうやって解決していく必要があるのか、考えていただきたい。

1.　子育ての中で「褒められる男」?!

　子育てをしていると、やはり日本社会では「役割意識」が強いということを感じる。日本は、とくに「母親だから」「父親だから」という、ジェンダーにもとづく役割意識が非常に強い社会である。私は、妻も研究者であり、共働き家庭の常として、家事を分担して行っている。食事を作ったり、掃除をしたり、洗濯をしたりと、当たり前のようにやるわけである。なぜ当たり前のようにやるかというと、それをやらないと家の中が回らなくなるからであり、至ってシンプルなことである。

　それにもかかわらず、こうした家事を男性が行い、子育てにも積極的に取り組むと、今日の日本では「イクメン」と呼ばれ、持ち上げられ、褒めてもらえる。そして、褒められれば嫌な気持ちはしないので、何となく喜んでいる自分がいるのも事実である。しかし、それでは、なぜ女性に対して「イクウーメン」と呼んで、同じように褒めないのだろうか?

　たとえば、わが家を例として考えると、妻も私も同じ研究者としての仕事をしていて、家の中でも外でも同じような責任を担っている。それにもかか

わらず、とくに家事に関しては、男性ばかりが褒められやすいことへの違和感を覚える。

　とはいえ、私がそのようなことに違和感を持つのは、私のジェンダー意識がとても高いという話ではないような気がする。同じように共働きでも、たとえば妻の方がパートタイマーであり、家の外で働いている時間が短ければ、「自分の方が働いているのだから、家の中のことは相手よりやらなくていい」と考えてしまう可能性も強く感じるのである。

　先ほどの私の理屈では、お互い外で忙しいのだから家の中も対等に半々でという意識になるが、もし自分の方が外で忙しかったら、妻に「家の中のことはやってください」と要求する可能性がある。しかし、「子育てや家庭をつくるというのは、そういうことなのだろうか？」という根本的な問題意識が、そこには欠如している。つまり、子育てをしたり、家庭をつくったりするというのは、外でどれだけ忙しかろうが、家庭内のメンバーがみんなでやらなくてはいけない、という考え方が、本来の考え方としてあるべきではないだろうか。もちろん、現実的には仕事が忙しく、長時間勤務を強いられているような人は、家事をできない場面が生じてしまうのは、仕方ないと思う。しかし、それでもなお、そんな状況を当たり前のように認めて良いのかは、よく考えなければならない。

　私が子どもの頃、私の父は朝早く出勤し、夜は遅く帰ってきて、週末も接待ゴルフなどで忙しく、お互いに顔を合わせる時間は非常に限られたものだった。一方、母は専業主婦だったので、基本的にいつでも家にいた。そのような家庭のあり方を、子どもの頃は当たり前だと思っていたのだが、自分が家庭を持つようになった今思い返すと、それを当たり前と思っていたことに違和感を抱く。

　家事や子育てをすることを「責任」と言ってしまうと、義務のような、やらなければならない話のように聞こえるかもしれない。しかし、実は、それ以外の要素もあると最近思っている。子どもの成長に合わせて、親としての苦労や大変なことがいろいろとあるが、そうした苦労と共に、非常に大きな喜びもある。常日頃から家の中で子どもと接していると、子どもの成長に気付き、それを喜ぶ場面が、本当に多い。家庭の中で過ごす時間が限られていることによって、そのような経験のチャンスを逃してしまうのは、もったい

ないことである。

　ただし、これは、個々の家庭で何とかできる話ではない。さまざまな企業や職場が、子育て世代の働き手に対して、その人たちが置かれている状況をきちんと理解し、適切な時間を家庭で過ごせるように整えるという前提がなければ、実現できないことである。そのためには、「誰かを仕事に縛り付け過ぎると、その人の人生がもっと豊かになるチャンスを奪っている可能性もある」といった考え方を大切にしながら、個々の企業や職場をはじめ、社会全体で労働環境の整備を進めていく必要がある。

　そのため、私が強調したいことは、社会が本気で子育てを支援することが大事であり、そのような社会制度の充実が必要である、ということである。たとえば、「小1と小4の壁」という問題がある。とくに共働き世代にとっては、子どもが小学校に入るまでは、保育所にかなりの長時間にわたって子どもを預けることができる。しかし、子どもが小学校に入学した時点で、学童保育などはあっても、保育所のようには預けられないため、とくに女性が仕事を離れるケースが出てきてしまう。また、学童保育は小学校3年生ぐらいまでが中心で、4年生以降になるとあまり行かなくなり、習い事を始めたりするので、再び預ける場所が限られてくるといったことも起こっている。こうした問題を、「小1の壁」ならびに「小4の壁」と表現している。

　私の娘も、小学校3年生までは学童保育に楽しく通っていたのだが、4年生になった時点で多くの友達が塾や習い事を始めたりして学童保育に来なくなり、娘も行きたがらなくなってしまった。幸い、娘は、小学校1年生のときからバレーボールを近所のクラブでプレーしていたので、4年生以降は週の大半をバレーボールの練習をして過ごすようになった。そのような形で、わが家では「壁」を何とか乗り越えられたが、苦労している家庭が多いのが実状である。このような状況に対しては、社会が子育て支援の制度を整備することで、解決を図っていくことが必要である。

2. 急変する社会状況がもたらす教育課題

　ここまで、自分が子育てを通して、どのようなことを感じてきたという

ことを述べてきた。私は、子育てというものを、社会のあり方を見るときの
一つのレンズとして捉えると良いのではないかと思っている。前述したよう
に、子育て世代にとって暮らしやすい社会とは、すべての人にとって暮らし
やすい社会だと考えられる。すなわち、身体的な障害を持っている人、高齢
者、外国にルーツを持つ人たちなど、どんな人にとっても暮らしやすい社会
がユニバーサルな社会であるとすれば、そうした社会を実現するために環境
が整備されたり、人々の意識が変わることは、子育て中の人にとっての暮ら
しやすさにも繋がるであろう。たとえば、公共交通機関などを利用する際に、
バリアフリー化が進めば、車いすに乗っている人にとっての利便性が高まる
と共に、ベビーカーを使用している人たちにとっても使い勝手が良くなる、
といった具合である。

　ところが、2020 年初頭から世界的に感染が広がり、本稿を執筆している
2021 年の夏になっても収束の兆しを見せていない新型コロナウイルス感染
症（COVID-19）の影響で、ユニバーサルな社会を実現するうえでの幾つか
の大事な要素が、厳しい状況に追い込まれている。それは、とくに社会経済
的に厳しい立場にある「社会的弱者」と呼ばれる人たちにとって、より深刻
な状況になっている。ここで言う社会的弱者とは、長引く景気の停滞のなか
で、個人の収入が減ったり、職を失ったりして、経済的に厳しい状況にある
人々や、さまざまな病気をもっている人たち、障害者、高齢者などの健康面
や生活面で困難を抱えている人々のことである。今回のコロナ禍のように、
社会状況が急激に変化すると、こうした人たちにより大きな影響が及びやす
いと考えられる。そこで、本章では、社会状況が急変することによって、教
育分野でどのような問題が起こり、とくに社会経済的に厳しい立場にある
人々（とりわけ子ども）にとって、いかなる問題が起こるのかを考えてみた
い。

　COVID-19 は、教育面にも非常に大きな影響を与えている。オンライン授
業の導入は、その一つである。2021 年の時点で 196 ヶ国が国連に加盟してい
るが、国連に加盟していなかったり、必ずしも広く認定されていないような
国を含めると、世界には二百強の国があるといわれている。2020 年のピーク
時において、世界中で 188 の国が、一部あるいは全面的に休校した。つまり、
世界のほとんどの国で、COVID-19 の影響が子どもたちに及んだということ

である（UNESCO Data: https://en.unesco.org/covid19/educationresponse/［2020 年 4 月 6 日閲覧］）。

　当然ながら、学校が閉鎖されることによって、子どもだけではなく子育て世代の親にとっても、仕事の調整をしなければならなくなるなど、子どもの世話をするためにいろいろな形で厳しい状況が生まれた。日本でも問題になったが、とくにひとり親世帯でそれが非常に厳しいものとなった。

　教育面で考えると、大学は小学校・中学校・高校に比べて、比較的スムーズにオンライン授業に移行したのではないかと思う。これは、学生たちが成熟しているということが、主たる要因であろう。もちろん、十分なキャンパスライフを送れないことは、やはり大学生活の重要な要素が欠落してしまっているということなので、大学での学びも不完全ではある。ただ、それでも、講義の内容を充実させることで、オンラインやハイブリッド（オンラインと対面の融合）であっても、学生が自らの力で学びを深めていくことも可能である。

　しかしながら、学校教育段階における「教育」とは、教科書の中身を伝えるだけではなく、人間形成の意味からも非常に重要な要素が多々あり、オンラインで取って代わることの難しさは、大学とは較べるまでもない。そのため、COVID-19 の影響による休校が、直接的に教育の質に大きな影響を及ぼしたということは、容易に想像がつく。まだ成熟していない発達段階にある子どもたちに対しては、画面越しだけではできないさまざまなサポートが必要となる。そこに、家庭環境の差が如実に現れ出てしまうことが、社会問題として顕在化した。

　多くの国や社会で COVID-19 が明らかにしたことが、教育格差の存在である。たとえば日本でも、私立学校は比較的スムーズに休校期間中もオンラインに移行したが、公立学校の多くはそれがなかなか難しかった。家庭内のインターネット接続等のインフラ状況も含め、社会経済的な格差が子どもたちの教育に大きな影響を及ぼしている。

　もう一つ、COVID-19 で問題が深刻化しているのは、子どもたちの健康面に関する問題である。日本でも「子ども食堂」という、家庭で十分にごはんを食べられない子どもたちに食事を提供する場があるが、学校に行かないことで学校給食の機会を失ったことは、大きな問題であった。これは、国外に

目を向けると、途上国でより深刻な問題となっている。たとえばインドでも感染が拡大し、多くの学校が休校に追い込まれたが、子どもの健康問題を考えると非常に心配な状況である。インドは、2000年代初頭、温かい食事を給食として学校で出すことを法律で決めた。当時、その法律の文言が、教育者たちの間で非常に話題となった。そこには「温かい食事」という言葉が用いられており、社会経済的に厳しい状況の家庭では、子どもに満足な食事を摂らせることが難しいことを踏まえ、少なくとも学校では「温かい食事」を提供することを法制化したのである。このことは、学校給食が子どもたちの健康にとって非常に大事なものであることを象徴している。

　また、学校は、子どもたちの安全を守る場としても機能している。2020年3月から日本では多くの学校が休校となり、それが6月ぐらいまで続いた。例年、学校では春先（4〜5月ごろ）に定期健康診断を行うが、2020年はそれができなかった学校がかなりの数に上った。こうした定期健康診断のときに小児科の先生たちが重視していることが、洋服の下を確認するということである。つまり、家庭で虐待などを受けている子どもたちのサインに気づくことのできる非常に重要な場が、この定期健康診断というわけである。2020年の春から夏にかけて、私が何人かの小児科の先生たちと話をしたときに、そうした機会を逸したことによって、見過ごされてしまった虐待などの問題があったのではないかと非常に心配されていた。

3.　深刻な教育格差

　オンライン授業の導入について、もう少し考えてみたい。世界中を見渡せば、オンラインへのアクセスが十分でない国は多く、先進国でもアメリカのように格差が顕在化している社会では、貧困層を中心に必ずしも十分なアクセスがない状況である。そうした課題がありつつも、オンライン授業の導入を推進することによって、たとえば、障害を持っているために普通学級での授業が受けにくかったり、そもそも学校へ行くことが難しかった子どもたちが、授業に参加しやすくなるという利点もある。また、2020年に日本で見られた現象としては、不登校の子どもたちにとって、オンラインになったこと

で授業に参加しやすくなった面がある。もちろん、そういった子どもたちも、学校が再開すると、再び不登校になったケースも少なくない。こうして考えてみると、別に学校に行くことだけが、正しいわけではないことを強調しておきたい。最も大切なことは、一人ひとりの子にとって一番学びやすい環境を、いかにして作るのか、ということである。すなわち、オンライン化を進めることによって、いろいろな形で学習の機会を創出することが、重要である。

　日本では「GIGA スクール構想」として、もともと数年間かけてすべての子どもに 1 台の PC ないしタブレット端末を配布することを予定していたが、2020 年の補正予算が付いたことによって前倒しでの配布が進んでいる。全国的に見て、まだ行き渡っていないところもあるが、かなりのペースで小中学校における 1 人 1 台端末化が進んでいる。もちろん、PC やタブレットが配られたからといって、それで学びが改善するわけではない。実際には、デジタル教材の改善や、教師による適切な教え方の工夫など、いろいろな面で学校現場への支援が必要となるので、端末が行き渡るのはあくまでも第一歩にすぎない。しかし、数年かけてやろうとしていたことを一気にやっているという意味では、一つの大きな変化が教育の面で生じている。

　2021 年夏の時点で、COVID-19 の感染が拡大して 1 年半ほどが経つが、イギリスの研究結果で、教育格差がはっきり認められている。この研究では、学校が休校になったり、授業のオンライン化が進んだりしたことによって、子どもたちの社会経済的な階層によって勉強の進度がどのように異なるかを明らかにした。子どもたちを、「最も恵まれている子どもたち」から「最も恵まれていない子どもたち」まで、社会階層別に 4 つのグループに分類して、比較した。「最も恵まれている子どもたち」では、本来の学習スケジュールから 3 ヶ月ぐらい遅れてしまう子たちもいるが、それ以上の学習の遅れは見られなかった。それに対して、経済的に非常に厳しい状況にある「最も恵まれていない子どもたち」は、3〜5 ヶ月、場合によっては 6 ヶ月以上も学習が遅れていることがわかった。1 年間の学習サイクルの中で、3 ヶ月ぐらいの遅れは、夏休みなどに補習することでキャッチアップが可能であるが、4 ヶ月以上の遅れになると、キャッチアップすることが難しくなり、十分に授業の内容を理解できないままに、進級していくということになりかねない。このよ

うに、学習の遅れをいかに取り戻すかが、大きな課題として明確になっている（The National: https://www.thenationalnews.com/world/europe/covid-s-impact-on-global-education-inequality-revealed-in-8-charts-1.1171330 ［2021年8月1日閲覧]）。

　このような現象が、多くの国や社会で起きていると想像できる。日本の場合、ここまで極端な差は出てこないかもしれないが、それでも一定の格差が生じていることは推測できる。なぜなら、日本の子どもの相対的貧困率は、OECD諸国の平均より高いことが明らかになっているからである。貧困を考える際には「相対的貧困」と「絶対的貧困」という2つの捉え方があり、絶対的貧困とは、国連などが提示している1日1米ドル～2米ドル以下で生活せざるを得ない状態を表し、いかなる国であっても人間らしい生活をすることができない。それに対して、相対的貧困とは、その社会において十分に人間らしい生活をするために必要な最低限の経済水準に達していない状態である（より厳密に説明すると、相対的貧困とは、平均的な所得の世帯の半分に満たない所得のレベルで生活をしなければならない状態である）。

　日本では、国連が定義するような絶対的貧困の状況にある人々はそれほどいないが、相対的貧困の状況で苦しんでいる人たちが一定数いることを理解する必要がある。とくに、先述のように、0～17歳の子どもの相対的貧困率は、OECD加盟国（34ヶ国）の中で10番目に高く、OECD平均を上回っている（内閣府ホームページ：https://www8.cao.go.jp/youth/whitepaper/h26honpen/b1_03_03.html）。このような状況の一因としては、貧困の連鎖が生じていることもある。すなわち、親の収入が少ないために十分な教育を受けられず、進学や就職のチャンスに恵まれなかった人が、自分が親になったときにも十分な収入がないために、子どもに対して十分な教育機会などを確保できず、貧困が連鎖していく、といった問題である。こうした問題をはじめ、子どもの貧困に関する世の中の関心は、とくに2000年代以降高まり、多くの研究が行われたり、政策的な介入が実施されたりしてきた。しかし、社会政策学者の阿部が指摘するように、これが「決定打」だと言えるような解決策は、いまだに見出されていない[1]。

　そうしたなか、子どもたちに対して、社会として（あるいは社会の一員である私たち一人ひとりとして）何ができるのかということを考える重要性を強調しておきたい。たとえば、近年、「子ども食堂」といった形態を通して、

とくに社会経済的に厳しい立場にいる子どもたちに（さらには、その保護者も含めて）、無償あるいは低額で栄養ある食事を提供する社会活動が全国で展開されている。「子ども食堂」の形態は多様であり、必ずしも一つのモデルに集約することはできないが、ボランティアによって運営されているケースが多く、子どもたちの食生活を支えると共に、家庭や地域に安心して滞在できる場が十分にない子どもたちにとっての「居場所」となっていたりする。そのため、COVID-19の影響は子ども食堂にも及び、感染が広がっていた時期には閉鎖を余儀なくされ、そのことで居場所を失った子どもたちも多かった。

　2010年代にこうした子ども食堂が全国に広がったが、運営者の持ち出しや不定期な寄付などに頼るケースが多く、安定した財政状況にある子ども食堂は限られていると推測される。その一方、現在では、公的な補助や民間企業による助成金などの整備が進んでいることも指摘しておきたい。人々がボランタリーに始めた社会活動が、大きく世の中の関心を集めたことで、公的機関や民間企業などによる支援の拡充に繋がってきた。このように、一人ひとりの活動は限られたものかもしれないが、そうした活動が積み重ねられることで、社会全体として子どもたちが直面している問題に向き合っていく機運を醸成し、政府や自治体、企業などを動かすことがあることも指摘しておきたい。

　いずれにしても、COVID-19の影響が続くなか、子育てにおいて「教育」が非常に大切な要素であることを、改めて思い知らされている。国連は「教育とCOVID-19に関する政策概要」（2020年8月4日）を発表し、4つの重点分野として「学校を再開する」、「財務に関する決定で教育を優先する」、「最も支援の手が届きにくい人々に焦点を置く」、「教育の未来は今ここで決まる」ということを強調した。ここでは、いかに困難な状況のなかでも、子どもたちの学びの機会を確保することの重要性を訴えている。それと同時に、ピンチをチャンスに変え、とりわけデジタル関係の技術革新を促進することによって、新しい学びのあり方を探求していくべきだと提言している[2]。

4.　子どもたちは幸福なのか？

　日本社会における教育格差の問題を考えるうえで、子どもたちの心のあり
ようにも格差が生じていることに留意することが必要である。国連児童基金
（ユニセフ）の『レポートカード 16 ―子どもたちに影響する世界：先進国の
子どもの幸福度を形作るものは何か』によると、日本の子どもの身体的健康
は先進国 38 ヶ国中の 1 位であったのに対して、精神的幸福度は 37 位であっ
た。しかも、より重要なことが、経済的に厳しい状況にある子どもたちほど、
幸福度が低いということである。「いじめに遭いやすい貧困世帯の子どもや、
ワーク・ライフ・バランスなど考えることもできない非正規労働の保護者、
子どもを保育所に預けることもできない家庭」（iv 頁）に対して適切な支援を
行うことで、理解し合える友達ができたり、頼ることのできる大人と出会っ
たりして、子どもたちの幸福度が上がるということを期待したい[3]。

　子どもの心のありようを考えるにあたっては、「ウェルビーイング（well-
being)」という概念に注目したい。ウェルビーイングとは、「幸福で充実した
人生を送るために必要な、心理的、認知的、社会的、身体的な働き
（functioning）と潜在能力（capabilities）である」と OECD は定義しているが、
日本の国立教育政策研究所は「健やかさ・幸福度」と便宜的に訳している。
子どもたちが健やかで、幸福を感じながら生きているかどうか、ということ
を考えたとき、日本の子どもたちが一定の精神的なストレスを抱えている様
子が、OECD の調査からは見えてくる。たとえば、日本の子どもたちは、学
力が高い層の子たちでも生活満足度が低く、低学力層になるほどさらに生活
満足度が低くなっている。これは、学力の高い子は生活満足度も高くなる傾
向にあるという、国際的な傾向とは異なる様子を示している。ただし、こう
した傾向は東アジアの特徴とも言え、台湾、香港、韓国などでも同様の傾向
が見られる。しかし、そうした東アジアのなかでも、とくに日本の子どもの
生活満足度が低い傾向にあることも、データは示している[4]。

　国連の「持続可能な開発ソリューション・ネットワーク（SDSN）」が 2012
年以来、毎年刊行している『世界幸福度報告書』を見ると、日本は子どもだ
けでなく、大人にとってもストレスフルな社会である様子が浮かび上がって

くる（https://worldhappiness.report/）。

　もちろん、ここで挙げたような幸福度調査に関しては、回答者が生きる社会の文化的な影響などを考慮する必要があるため、単純に解釈することができない面もある。そうしたことを差し引いても、子どもも大人も、それぞれ一定のストレスを抱えながら子育てを行っているのが、いまの日本社会の現状である、と言えるのではないだろうか。そこに、COVID-19 がさらに大きな影響を及ぼすという非常に厳しい状況に置かれているのだが、改善のための方策がなかなかないというのが辛いところである。それでも、人々が過度なストレスに悩まされることなく、また、家庭の経済状況などによる制約を受けることなく自らの能力を発揮できるような、ユニバーサルな社会の実現を目指して、これからも考え続けていかなければならない。

おわりに――固定観念にとらわれない子育て――

　本章を終えるにあたって、私が 2012 年から 2015 年にかけてカンボジアで行った研究について紹介したい。カンボジアのような途上国で、一人でも多くの子どもが学校に通い続けられるようにするうえで非常に大切なことが、「親の意識」を変えるということであることが、私たちの研究チームで行った調査によって明らかになった。つまり、どんなに経済的に貧しい家庭でも、また、しばしば途上国で教育機会を奪われがちな女子たちにとっても、その子たちの親が「教育は大事である」ということを理解していると、学校に通い続けて勉強することができる。ところが、親がそういったことを理解していないと、簡単に学校を辞めさせてしまいがちである。どれほど良い教材を作り、どれほど一生懸命に先生を育てても、そもそも子どもが学校に通ってこなければ仕方がない。そのためにも、非常に大事なのが「親の意識」である。当たり前のように聞こえるかもしれないが、このことを強調しておきたい[5]。

　それでは、どのようにしたら、親の意識を変えることができるのだろうか。そのときに大切なのが、ロールモデルの存在である。カンボジアでは、貧困層を中心に女子中学生たちが中途退学してしまう割合が高く、長年の課題と

して認識されてきた。それに対して、私たちの研究が明らかにしたことは、簡単に退学をしない子の周りには、ロールモデルとなる女性がいた、ということである。たとえば、学校の先生というのは、カンボジアの農村部では安定した職業であり、必ずしも給与水準は高くはないが、女性でも安定して収入を得られる職業である。そうしたなか、貧しい家庭に育ったけれども、がんばって高校を卒業し、教員養成校に通って学校の先生になったような女性が近所にいると、「うちの娘もがんばって学校に行かせれば、ああなれるかもしれない」と、親が考えたりする。そういった意識を親が持つようになると、経済的に苦しくても、何とか娘を学校に通わせようと努力するのである。

　この話は、極端な例かもしれない。しかし、親がどのような意識を持って、子育てに取り組むか、ということが、国や社会を問わず大切であることを指摘したい。家庭内の意識をどのように醸成していくか、ということを考えてみてほしい。家庭の中で、「男だから」、「父親だから」、「女だから」、「母親だから」ではなく、それぞれがメンバーとしてできることをやりながら支え合うことが大事である。子どもをよく見て、どのように育っていけばその子が自らの能力をうまく発揮できるか、といったことを考えながら、子育てに取り組んでいくことが必要である。なお、本章では「親」という立場を軸として考えてきたが、これは必ずしも「親」である必要はなく、子どもを支える立場のあらゆる人に適用できる。

　その意味でも、子育てを考える際には、家庭の中だけを見ていても限界がある。ここで指摘したような価値観が社会的にも大切にされ、たとえば職場内で子育てに対する理解が共有され、必要なサポートをみんなで考える、といったことが重要になってくる。そういったことが進展することによって、ユニバーサル社会は実現していくと考える。

　もちろん、まだまだ日本の社会には問題が多く、ユニバーサル社会の実現にはさらなる努力の積み重ねが必要である。それと同時に、徐々に変わってきていることも事実である。社会の変化は遅々としているが、私たちの親の世代に比べて私たちの世代は少し変わってきているだろうし、私たちの世代より学生である皆さんの世代は、もっと変わっていくはずである。

　本章で、私は「イクメン」という言葉を少しネガティブな意味を込めて取り上げたが、実際には、この言葉には良い側面があり、男性が家事や育児を

することに対するポジティブなイメージを世の中に広めたことは評価すべきである。その意味で、イクメンという言葉は、やはり大事な言葉である。ただ、それと同時に、「イクウーメン」という言葉が生まれたり、さらには「イクメン」なんて当たり前で、そんな言葉は古臭いね、というような状況に変化していくことが必要である。すなわち、あくまでも世の中の古い考え方を打ち破るための、ブレイクスルーを起こすときには大事な言葉であったが、その一歩先、さらには二歩先へと進むことで、「男性だから」「女性だから」「父親だから」「母親だから」という固定観念にとらわれない、より柔軟な社会が生まれるのであり、それこそがユニバーサルな社会であると、私は信じている。

　最近、多くの人が意識するようになってきた SDGs も、同様である。SDGs という言葉が、社会に広まっていくことによって、環境や人権をはじめとするさまざまな地球規模課題に人々の目を向けさせ、持続可能な社会のあり方に対する議論が深まり、人々の意識を変えている。それは素晴らしいことであるが、同時に、SDGs という言葉がいつか古臭くなり、そんなことは当たり前だよね、という世界が実現することを願っている。そうした社会の創り手を育てるためにも、いまの私たちの子育てが変わっていくことが必要であることを強調して、本章の結びとしたい。

【課題】
　私のブログ「教育学者の父親子育て日記」（ベネッセ　教育情報サイト「教育学者の父親子育て日記」2012 年 8 月 6 日から連載。https://benesse.jp/kyouiku/201208/20120806-1.html）で取り上げた、子育てに関するさまざまな問題や事柄の中から一つを選び、その問題（あるいは事柄）を解決したり、改善したりするために、どのような取り組みが国内で行われているのかについて、本章での議論も踏まえつつ、論じなさい。

【読書案内】
阿部彩『子どもの貧困─日本の不公平を考える』岩波新書、2008 年／『子どもの貧困Ⅱ─解決策を考える』岩波新書、2014 年
　日本社会で深刻化してきた子どもの貧困問題について、多くの人が気づく契機となった本である。問題の深刻さを明確に示した一冊目と、その後も解決が進まない状況に対して幅広い視点から問題を捉えようとした二冊目を、併せて読むことを勧めたい。

広田照幸編『リーディングス　日本の教育と社会③　子育て・しつけ』日本図書センター、2006 年

　子育てに関して多角的な視点から行われてきた学術的な研究成果をまとめた本であり、少々古くなっている面もあるが、いまだに参考になる議論が多い。

宮口幸治『ケーキの切れない非行少年たち』新潮新書、2019 年

　本書で取り上げている子どもたちは、ある意味で「特殊」な子たちかもしれない。しかし、本書を通して、子どもと接する際に、その子の表面的な言動だけを見て、短絡的に判断するのではなく、より深く理解することが大切であることに、改めて気づかされるであろう。

【引用文献】

1) 阿部彩（2014）『子どもの貧困Ⅱ―解決策を考える』岩波新書
2) United Nations（2020）*Policy Brief: Education during COVID-19 and beyond.* NY: United Nations
3) ユニセフ・イノチェンティ研究所（公益財団法人ユニセフ協会訳）（2021）『イノチェンティ・レポートカード 16　子どもたちに影響する世界：先進国の子どもの幸福度を形作るものは何か』公益財団法人ユニセフ協会
4) 国立教育政策研究所（2017）『PISA2015 年調査国際結果報告書：生徒の well-being（生徒の「健やかさ・幸福度」）』国立教育政策研究所
5) Kitamura,Y., Edwards, D. B. Jr., Sitha, C. & Williams, J. H.（eds.）（2015）*The Political Economy of Schooling in Cambodia: Issues of Quality and Equity*, New York: Palgrave Macmillan

第7章
医師の職場環境とキャリア形成
──大学病院における女性医師の環境を通して
日本における育児と医療を考える──

城戸瑞穂

はじめに

　生後6ヶ月くらいまでの乳児は、母親から受け継いだ免疫により病気にかかることが少ないが、それを過ぎた頃から、様々な病気にかかる機会が増える。あなたが体調が悪いときに保護者に連れられ医療機関に行ったときのことを思い出してみよう。全ての人は医療に支えられながら子どもから大人になっていく。辛いときに助けてくれる医師や歯科医師、看護師、薬剤師など多様な医療職は、私たちにとって身近で頼れる、なくてはならないエッセンシャルワーカーである。深夜に病気や怪我をしても、医療を受けることが出来る。これは、医療現場が医療者による長時間の献身的な労働により支えられることで可能となっている。2019年からの新型コロナウイルス感染症の世界的な感染拡大は、適切な医療が受けられる機会を整える意義、あるいは、医療者のおかれた環境を一般の人が考える機会となり、さらに医療環境整備の難しさも浮き彫りにした。新型コロナウイルス感染症患者の治療に携わった少なくない数の医療者は、自身の感染、あるいは過酷な環境に長期的に曝されることによるバーンアウトで勤務先の病院を辞めたり、なかには自殺に追い込まれた人もいる。世界中で医療者の離職、特に女性医師の離職が問題となっている（Dudlye et al. 2022）。

　2018年に、東京医科大学が入学試験において、女性の受験者を一律に減点し、男子学生を優先合格させ合格者数調整をしていたことが明るみに出た。女性が出産や育児で医療現場を離れることが多いから、医師不足を解消するために必要な調整であったと大学側は説明した。女性だから育児をする、し

なければならない、と将来子どもを持つかどうかわからないときから決めつけられているのである。それは、本当に医師不足解消につながる合理的な方法なのだろうか。

　私たち皆がいつ病を得るかわからない。24時間安心して医療を受けることができること、そしてそれを支える医療者もまた生活していることを理解し、医療者を取り巻く環境と育児に関わる保健や医療の課題を考えていきたい。

1.　社会の年齢構成の変化に伴う医療への要請

　日本社会は、高齢化と同時に少子化も進んでいる。人口の高齢化に伴い、医療費を含む社会保障費は増え続けている。財務省の資料「これからの日本のために財政を考える」によると、75歳以上人口は2018年に1,798万人であり、2025年には2,180万人に上るとされている（図7-1）。75歳以上になると医療や介護にかかる費用は急激に増加する。同時に、少子化が進んでいることから、支える若い世代に比べて、高齢者が多い社会構造となっている。つまり、超高齢社会での医療や介護を支えるためには、多くの医療者が必要となる。

2.　医師の働き方と女性医師

（**1**）医師の年齢と男女の比率
　それでは、医師の人数はどうなっているのだろうか。
　先進国を中心とする国際機構、経済協力開発機構（OECD）の2015年のデータによると、OECD加盟国の人口千人あたりの医師数は平均3.5人であるが日本国内における医師数は2.4人と少ない。OECD加盟国の女性医師の割合の平均は48%に対し日本は20.4%で、加盟国で最低だった。日本はなぜ女性医師の比率が小さいのだろうか。
　通常の医師は、医学部医学科に6年間在籍し、医師国家試験に合格後、2

図 7-1　医療費と高齢者人口の変化

出典：財務省「これからの日本のために財政を考える」（令和 4 年 10 月、10 頁）より転載。https://www.mof.go.jp/zaisei/agmg-society/society-future.html（2023 年 2 月 1 日アクセス）

年間の研修を経て専門分野を選んでいく。医師は、多様な症例を多く経験し、専門性を高めながら、専門医や認定医を取得し、キャリアを形成していく。年齢分布をみると、40 歳代から 50 歳代の指導的な医師層をピークとして年齢を重ね次第に数が減っていく。では、それぞれの年齢における性別の比率から女性医師のおかれている環境をみてみる。

　佐賀県は九州の北西部に位置し、東は福岡県、西に長崎県と隣接している。2021 年の人口は 807,323 人（男性 382,428 人、女性 424,895 人）である。佐

賀県の女性医師比率（図 7-2）は 20 歳代では 42.2%、30 歳代では 35.6%、40
歳代は 20%、50 歳代では 11.7%を占めている。女性医師比率の全国平均は、
20 歳代では 34.8%、30 歳代では 31.1%、40 歳代は 22.2%、50 歳代では 13.9%
である（図 7-3）。女性の医師の比率は都市部に比べ、地方でより高い傾向が
判る。これは何を顕しているのだろう。男は仕事、女は家事という役割分担
意識は都市部より地方でより強いことが知られている。学校基本調査による
2021 年の大学進学率の全国平均は女子 51.3%、男子 57.4% である。都道府県
別の女子の大学進学率は最も高い東京が 74.1% に対し、下位の 3 県は佐賀
36.6%, 大分 35.8%、鹿児島 34.6% とかなり低い。進学への男女の機会が少な
かった世代では医師の女性比率がより低いと理解できる。近年、女性の医学
部への入学者数は増加傾向を示している。現在勤務している医師のなかで、
若い年齢ほど女性の比率は高くなっている。その傾向は、地方でより顕著に
なっていることから、女性医師が地元で勤務する割合が高いことを示してい
ると言える。

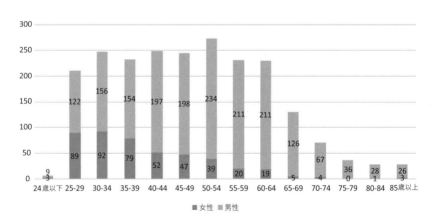

図 7-2　佐賀県における医療施設従事医師数　性別・年齢階級別

平成 28 年度　医師・歯科医師・薬剤師調査
医療施設従事医師数・平均年齢、性・年齢階級・従業地による都道府県－指定都市・特別区・中核
市（再掲）別より筆者作成

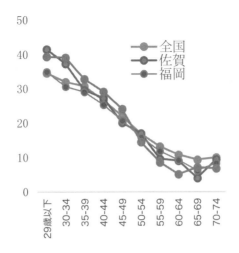

図 7-3　医療施設従事医師に占める女性医師の比率　全国との比較

平成 28 年度　医師・歯科医師・薬剤師調査
医療施設従事医師数・平均年齢、性・年齢階級・従業地による都道府県－指定都市・特別区・中核市（再掲）別より筆者作成

（2）医師の男女の比率と就業

　妊娠から出産、育児には医師の支援が必要である。産科婦人科の医師は、女性の健康を守ることを使命としており、お産に伴う緊急対応は 24 時間必要である。産婦人科医の減少は社会の課題として認識されている。安心してお産ができる病院が減少していることから、厚生労働省もその確保のための政策を進めている。産婦人科学会の年齢別医師数をみると、女性比率が若年層でより高くなっている（図 7-4）。産科や婦人科を受診する際には、女性の医師に診てもらいたいという女性は多い。また、出産や育児を経験している医師は、自身の経験が女性たちの立場の理解に繋がり、細やかな配慮が可能となると考えられる。何事によらず、誰かに聞いたり、文字を読むことなどから得られる知識も大切であるが、経験に勝るものはない。多様な経験をした医師は、患者の立場への理解が深まり医療の質は向上する。

　近年、地方ではお産ができる病院が減っている。産科婦人科の医師数が不足している現状では、少なくとも現在の医師が継続して医療現場に留まり、

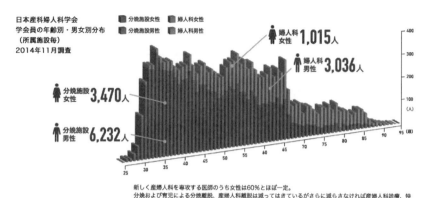

図7-4　日本産科婦人科学会学会員の年齢別男女別分布

日本産科婦人科学会ワーク・ライフ・バランス https://www.jsog.or.jp/wlb/database/index.html より転載

　母親になる女性たちが安心して子どもを産める環境を守っていく必要がある。男女の区別なく、十分な医療技術を備えた十分な数の医師の育成が重要な鍵を握るのである。それでは、女性医師の数の比率の増加には、どのような課題があるのだろうか。
　医師は、前述のように急なお産等への対応に24時間備えておかなければならない。医師法では、応召義務として「診療に従事する医師は、診察治療の求があつた場合には、正当な事由がなければ、これを拒んではならない」とされている。医師の働く現場は、少しずつ変化しているとはいえ、献身的な長時間労働により支えられており、30時間通して外来・病棟等の緊急の対応をしていることも少なくない。
　お産の現場は母子の生命に関わることから大きな喜びと感動に溢れるが、一方で、お産は母子にとって大きな危険も伴うことから、時に大きな悲しみにも包まれる。そうした例のなかに不幸にも裁判になる事例もあり、厳しい環境にありながら、健康を守る使命にやりがいを感じてきたとはいえ、過酷な環境により精神的に追い込まれ分娩に携わる医師が減っている現状もある。厚生労働省や日本医師会、各学会等により医師確保のための様々な取り組みが進められているものの、診療科や住む場所により事情は異なるが、安

心して必要十分な医療が受けられる状況には至っていない。

　女性の医師の働き方をみてみよう。女性医師の就業率（図 7-5）をみると、未だ M 字カーブと呼ばれる出産・育児期の離職が見て取れる。この M 字カーブは OECD に加盟している諸外国ではみられないものである。長く日本の民間企業でも出産・育児期の離職がみられていたが、企業等による様々な取り組みが進み、大企業では統計上はほぼ解消している。

　一方で、女性医師では M 字カーブがみられることは、未だ妊娠・出産・育児期に離職していることを表している。日本医師会の調査によると、女性の医師は、自身の出産や育児により長時間医療現場に留まるのは難しいと回答している。出産や育児の時期は、技術を身につけ責任ある役割を職場で果たすキャリア形成に重要な時期と重なる。医師であっても、子どもを安心して育て、また自身のキャリアを形成していくことが望まれるにもかかわらず、実現が十分でない現状を変えるために、そして、私たちがいつ病気や怪我をしても安心して医療を受けられる環境を維持するために、何ができるだろうか。

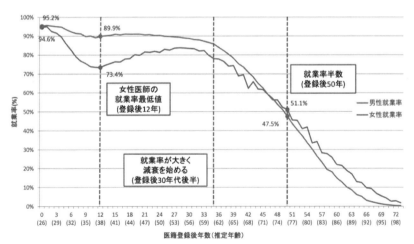

※2004年〜2014年の医師・歯科医師・薬剤師調査（医師届出票）および厚生労働省から提供された医籍登録データを利用して作成
※推定年齢は医籍登録後年数が0年の届出票の満年齢（12月末時点）の平均値が26.8歳であることを考慮し設定

図 7-5　女性医師の就業率

出典：「平成 30 年度 女性医師のキャリア支援モデル普及推進事業の成果と今後の取り組みについて」厚生労働省より転載

（**3**）育児中の医師の職場環境

　佐賀県医師会の調査によると、女性医師が育児と医師としての仕事の両立ができた理由に、「勤務先の理解」と回答した割合が、2008年は8％であったのに対し、2014年は25％に上昇していた。女性医師の比率の上昇に伴い、職場の理解は改善傾向にあると言える。しかし、育児中の女性医師が子どもの育児の事情等で当直等ができない場合、男性医師あるいは独身で育児等の役割のない女性医師が代わりにすることが多く、そのための医師が補充されないことから、男性医師や独身女性は負担感が大きいと調査に応えている。また育児中の女性医師は、ただでさえ余裕のない医療現場において、育児により当直が担えないことで周囲の医療者へ負担が大きくなっていることがわかっているので、罪悪感が大きく継続して病院に勤めづらいと答えている。さらに、育児中の女性医師の「働きやすさ」を優先してきた結果、育児期間中に外来のみあるいは検査業務等のどちらかというと簡単な症例や同じ症例等の繰り返し業務を担うように指示されることも多い。多様な症例を経験することで、医師としての技量が上がるのは当然であるのに、難易度の高い業務に携わる機会を得られない育児中の女性医師は「働きがい」を感じられず、離職あるいはフルタイムへの復帰を遅らせている場合もある。

　佐賀大学医学部は、2017年に厚生労働省の女性医師キャリア支援モデル普及推進事業実施機関に指定された。私たちは医師の働き方の課題を明らかにする目的で、実態調査を実施した。対象は、佐賀県における中核病院である佐賀大学医学部附属病院および臨床実習協力病院の医師である。筆記型のアンケートを923名に配布し、538名から回答を得た。女性医師の比率は佐賀大学医学部附属病院では33％、臨床実習協力病院では23％であった。専門医は男女共に75％程度が取得していた。1ヶ月における平均当直日数は3、4回と答えた医師が多かったが、10回以上と答えた医師もいた。当直は男性医師が多く担当していた。

　では、子育て中の医師についてみてみよう。小学校入学前の子どもを持つ医師では、男女ともに当直を担当していたが、女性の比率は低くなっていた。そこで、小さな子どもを育てている医師が働き方をどのように考えているかを尋ねたところ、希望通りの勤務形態と応えた医師は男性で77％、女性で56％であったのに対し、負担が軽い業務を希望していた医師が男性9％、女

性33％、さらに、負担が重い業務を希望していた医師が男性2％、女性7％
であった（図7-6）。それぞれの医師の希望とは異なる勤務形態に置かれてい
る医師がある程度以上いることが判った。聞き取り調査などにより、子ども
のために当直などのない短時間の勤務を女性医師が希望することは多かっ
た。一方で、子育て中の女性医師といってもそのキャリア形成への考え方は
多様である。専門医等を取得し経験を重ねた医師では、子育て中であっても
負担の重い業務、つまりスキルアップになる難しい症例などを経験できる勤

未就学児育児中の働き方について近いものを選んでください（育児休暇中は除く）

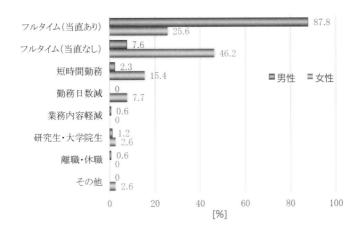

未就学児育児中の働き方は希望に沿うものでしたか？（育児休暇中は除く）

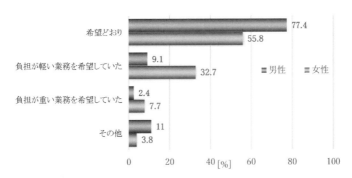

図7-6　「佐賀県医師の勤務実態及び両立支援状況調査（1）」2017

務を望んでいたが、十分な機会を得られていないと考えていることが判った。

(4) 医師の働き方の改善に向けた課題

　医師が、職場としての病院の環境への改善にどのような希望があるかを訊ねたところ、「医師の増員」が最も優先すべき項目として挙げられた（図7-7）。患者にとって必要な医療が受けられる環境を整えるために、必ずしも十分な数の医師が配置されていないなかで、なんとか診療をやりくりしている厳しい職場環境であることが透けて見える。しかし、一般の人に医師のおかれた環境は十分に理解されているとは言い難い。さらに、長年厳しい職場環境に慣れ親しみ、身近な医師から情報を得ている医師が多いことから、医師が労働者としての当事者意識を十分に持っているとは言い難い現状もある。医師の働き方の改革の重要性はある程度理解されているが、十分には進んでいない。

　多くの課題があるなかで、どのように優先順位をつけて改善のために取り組むのかを考えるために、医師に、仕事との両立で最も不安に思うものはな

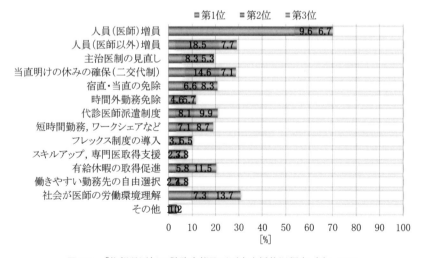

職場環境改善に必要な取組を1位から3位までお答えください

図7-7　「佐賀県医師の勤務実態及び両立支援状況調査（2）」2017

にかを尋ねた。すると、40 歳以下の男性医師の 15％、女性医師の 45％が育
児を挙げた。また 40 歳以上では男性医師の 21％、女性医師の 16％が介護を
挙げた。これは、男女の性的役割分担の違い、つまり、家庭内の育児や介護
などの無償労働は医師も女性が担っていること、特に育児は女性が主たる役
割を果たしているが、介護は男性も当事者意識があることを表しているのか
もしれない。また、40 歳以上の男性医師の 52％、女性医師の 28％が自身の
病気を将来の不安に挙げている。これは、長時間労働の厳しい環境で、年齢
を重ねた医師が健康に不安を感じながら医療に当たっていると理解すること
もできる。それぞれの患者の状況に応じ、可能な限り最高で最善の医療技術
を尽くしても命を守るのは容易ではないが、ときに疲れ果てた医師が治療を
していることになる。それで人を癒すことは可能なのだろうか。

　大学病院を含む多くの公的病院は税金により支えられていることから、国
の財政状況に大きく影響を受ける。高齢者人口の増加に伴い、医療費は高騰
している。多様な議論を経ながら、医療費削減の名目で、病院で働くすべて
の職種の人員の削減や医療機関の統合などが進められている。特に地方では
医師の確保だけでなく、病院の維持が困難となっていることもある。

　上述した産婦人科では、女性の医師の比率が高いこと、お産が担当できる
医師の不足への課題意識が高いことから、学会を挙げて女性医師支援の積極
的な取り組みが行われているが、医師の専門性によりおかれた状況はかなり
異なる。

　厚生労働省の「令和 2 年度雇用均等基本調査」によると、2018 年 10 月 1
日から 2019 年 9 月 30 日までの 1 年間で在職中に出産した女性のうち、2020
年 10 月 1 日までに育児休業を開始した者（育児休業の申出をしている者を
含む）の割合は 81.6％であった。同じ 1 年間に配偶者が出産した男性のうち、
育児休業を開始した人（育児休業の申出をしている者を含む）の割合は
12.65％、この内 5 日未満の育休取得者の割合は 28.33％とされている。医師
についてはどうだろうか。日本医師会男女共同参画委員会による 2017 年女
性医師の勤務環境現況に関する調査報告によると、女性医師の育児休業取得
率は 59.1％、2008 年度調査時には 39.2％であったことから、一般よりも取得
率は低いが取得する女性医師が増えていることが判る。女性医師の育児休業
中に給与支給がない人の割合は 46.6％、身分の保障がないあるいはわからな

いと答えた人は27.6%にも上り、収入とキャリアの不安に直面する医師の数が少なくないことが判る。

　女性医師の働きがいはどのように変化するのかみていこう。

(5) 医師の働きがい・モチベーション

　育児中の女性医師の環境を知るため、短時間勤務をしながら育児を行っている女性医師に聞き取り調査を行った。大学病院の短時間勤務制度の下で、週に19時間以内の勤務をしている医師がほとんどであった。短時間勤務で大学の医局にて医療に携わることにより、臨床力の向上、キャリアの継続、医療技術情報の更新や収集を行いながら育児ができることに感謝している医師が多かった。一方で、家族や職場などの周囲の十分な理解が得られていない、当直勤務などに関連する他の医師との隔たりや罪悪感、勤務時間が短いことから医療保険など社会保障が受けられないこと、保育料と保険料で医師として働いているにもかかわらず赤字になるとの声も聞かれた。育児中とはいえ、医師としての経験年数や専門性、家庭の状況など多様であるので、個人の事情に合わせたより柔軟な働き方を希望する声も多く聞かれた。短時間勤務後にフルタイムの常勤職へと復帰している医師は多く、その後専門医資格の取得や博士号を取得した医師もいた。

　そこで、短時間勤務を利用した女性医師の課題の見える化と女性医師自身の過去への振り返りにより、医師として働くモチベーションを上げてもらうことを狙い、久留米大学守屋普久子らの方法に基づき、育児中の十数名の医師を対象にモチベーションの変化を調査した。この調査シート（図7-8）では、育児中の女性医師のモチベーションの変化を、+100が最もモチベーションが高い状態、−100が最も低い状態として記載してもらった。横軸が年齢で、右に行くほど年齢が上がる。大学卒業後、研修医を経て医局に入局するにつれ、徐々にやる気が上昇し、医師の仕事に慣れ経験を積み、やる気は高いままで維持される。結婚後も高く維持されるが、子どもの出産により大きく低下する。医師として仕事に復帰すると、下がっていたやる気は次第に上昇するが、第2子の出産では第1子出産時より大きく下がる。そして、その後は十分に上昇しない。上昇する項目は、専門医の取得や学会発表、博士号の取得や論文発表など、また下降する項目は、子どもの病気、夫の仕事に伴う転

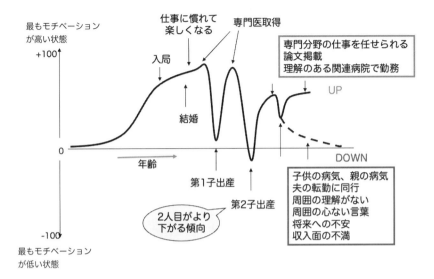

図 7-8　育児中女性医師のやる気（モチベーション）の変化のまとめ

勤、さらに周囲からの育児をしながら医師として働くことに対する否定的な言葉、育児をしながら仕事をする状況への理解の不足、さらには、医師として経験を積んだにもかかわらず育児中の医師ということで、軽易な業務のみを任されること、収入や待遇への不満などである。

　男女の別にかかわらず、家庭でも職場でも心理的に安全に安心して過ごせること、誰かの役に立っていると思えること、独立していること、自分の成長を実感しながら、自分の力が十分に発揮できると感じることにより、意欲的にものごとに取り組むことができる。そうした観点から、女性の医師、さらに育児中の医師は、安心感が損なわれ、将来への不安や不満が女性医師の意欲を削いでいる可能性は高い。

　女性医師は医師の男性と結婚することが少なくない。そこで、医師の家庭環境と働き方をみてみたい。

（6）医師の勤務と家族構成

　平成 28 年度厚生労働科学特別研究の医師の勤務実態に関する調査研究における「医師の勤務実態および働き方の意向等に関する調査」（図 7-9）によ

ると、医師は週に 10〜100 時間程度働いていると答えている。結婚していない、子どものいない医師の多くは週に 40〜60 時間勤務していると答えている。結婚しても男性医師も女性医師も勤務時間の大きな変化はない。ところが、子どもがいる医師を比較すると、女性医師は勤務時間が短くなる傾向が見られるが、男性の医師は、勤務時間が長くなる傾向が見られた。

　女性医師は育児を主として担っていることが多いことから、出産後は勤務時間が短くなると理解出来る。育児中の男性医師がより長時間の勤務をすることは、何を意味しているのだろうか。いろいろな解釈が可能であるが、男性の医師のパートナーは専業主婦も少なくないことから、家に帰って育児に積極的に関わる意志が低い可能性も考えられる。あなたが子どもの頃の保護者である父親や母親の働き方、家事の分担、あなたの教育への関わり方はどうだっただろうか。それはどのような影響があっただろうか。

　育児や家事は女性の役割として受け止めている人が多い。それは理に適った方法なのだろうか。女性だけが育児が上手なのだろうか。あるいは、育児に積極的に関わりたい若い男性が増えていることが調査結果からもわかる。男性が育児や家事を女性と同等に担いたいと思ったとき、それは社会で受け入れられているのだろうか。

　医学部入試にて行われた男女の合格者の区別では、女性だから育児をす

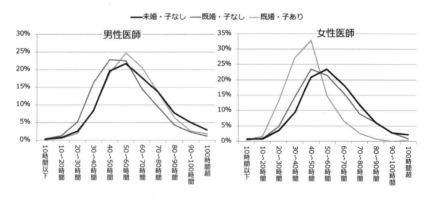

図 7-9　病院常勤勤務医師の週当たりの勤務時間　家族構成別

「医師の勤務実態および働き方の意向等に関する調査」より作成された厚生労働省 第一回医師の働き方改革に関する検討会資料より転載

る、しなければならない、と将来子どもを持つかどうかわからないときから
決めつけられていた。それはなぜだろうか。医師の不足の課題にとどまらず、
私たちの社会が直面しているさまざまな課題を公平に、公正に捉える考え方
を次節で一緒に考えてみよう。

3. 無意識の思い込み（バイアス）—— Unconscious Bias ——

　あなたは、出身地や卒業した高校、属しているグループ、性別などにより、
人を判断したことはあるだろうか。私たちは、これまでに育ってきた環境や
所属する集団のなかでの経験からなんらかの尺度をもってものごとを選択
し、判断をしている。これまでの経験で物事を判断するのは便利である。一
方で、そうした先入観や固定概念が適切な判断を歪めてしまう可能性につい
て考えたい。

　自身の家庭の中で培われた価値観、例えば、母親だけが家事をしていたの
をみて育ったので、それを当たり前と思い込んでしまうこともあるだろう。
男性でも子どもの世話や料理や掃除が上手な人もいるだろう。女性であって
も、初めての育児はわからないことばかりで、周りに助けてもらいながら経
験を重ね親としての振る舞いを学んでいく。誰にとっても育児は楽しい一方
で、大変な仕事である。

　筆者は医学生物学研究のために動物実験を行っている。同じ遺伝的背景を
もつマウスを、同じ明暗サイクル、同じ餌と水、同じケージで飼育している。
人に比べ均一な条件と思える実験用マウスでも、子育てが上手な雌とそうで
ない雌に遭遇する。私たち皆が環境から影響を受けているが、個人の差は大
きいと思い知らされる。性別による役割分担意識は本当に私たちのために
なっているのだろうか。

　最近、「無意識のバイアス Unconscious Bias」を抑えることで、多様なも
のごとを適切に理解し、公平で公正な判断に近づけることが可能であると言
われている。誰もが持っている「無意識のバイアス」は、育児や働き方、就
職等を取り巻く様々な場面で、適切な判断を歪め、差別にも繋がっているこ
とを理解し、多様な考え方を取り入れていくことが、皆が活き活きと活躍で

きる社会に繋がるのではないだろうか。

「無意識のバイアス」の分類の一例

- 親和性バイアス
  人は自分に似ている人に親近感を感じる特性がある。身内、出身地、出身の学校、趣味が同じ人に親しみを感じ、自分と異なる人に対してよそ者意識をもつことがある。距離が近く頻繁に会う人にも親近感を強く感じる。
- ハロー効果
  第一印象に大きな影響を受けてしまうこと。その印象が強く、その後に第一印象と異なることが起こっていても、以前の認識のまま判断してしまうこと。
- 認知バイアス
  科学技術には男性が適している、女の子は数学が苦手、男の子は青い色が好きなどと先入観で判断してしまうこと。ステレオタイプスレット stereotype threat とも言われる。
- 確証バイアス
  最初に抱いた認識や自分が信じたいことを裏付ける根拠ばかりを集めて、反対する情報を無視してしまうこと。
- 集団思考
  集団では、仲間はずれにならないように多数派や強い人の意見に同調してしまうこと。誤った判断であると考えていても、意見を言わない。

おわりに

　世界経済フォーラム（World Economic Forum：WEF）が 2021 年 3 月に公表した「The Global Gender Gap Report 2021」で、各国における男女格差を測るジェンダーギャップ指数（Gender Gap Index：GGI）が発表された。この指数は、「経済」「政治」「教育」「健康」の 4 つの分野のデータから作成される。2021 年の日本の順位は 156 ヶ国中 120 位（前回は 153 ヶ国中 121 位）で、先進国で

最低レベルであり、韓国や中国、ASEAN 諸国よりも低い。管理職の女性の割合が低いこと（14.7%）、72%の女性が職についているが、パートタイムの職の女性割合は男性のほぼ 2 倍、女性の平均所得は男性より 43.7%低いことが指摘された。

　私たちは生まれたときから見かけの性別で区別され、物事を判断するときに性別を気にしていることが多いが、その意味するところを改めて考えてみてほしい。

　ハーバード大学の津川友介らは、2016 年に、女性医師が担当した入院患者は男性医師が担当した患者よりも死亡率が低いとの論文を発表し、大きな話題となった。有力一般紙であるワシントンポスト紙、ウォール・ストリート・ジャーナルなどが「死にたくなければ女性医師を選ぶべきか」などとセンセーショナルに取り上げたのである。調査の対象は、アメリカ合衆国の高齢者障害者向けの公的保険メディケアに加入している 65 歳以上の肺炎や心疾患など一般的な内科的な疾患をもつ入院患者およそ 130 万人である。患者や医師の条件などを均一になるように補正した後、入院日から 30 日以内の死亡率と退院後の再入院率を女性医師と男性医師とで比較した。すると、30 日後の死亡率では女性医師の担当患者は 11.1%、男性医師は 11.5%、再入院率は女性医師 15.0%と男性医師 15.6%で、女性医師が担当した患者のほうが死亡率、再入院率ともに「統計学的に有意」に低いと報告している。この理由として、女性医師が診療ガイドラインをよく守ること、科学的根拠に基づいた診療を行うこと、患者の話や専門外の医師ともよく相談する傾向があることを挙げている。津川らは、病院や出身大学等ではなく医師個人の医療の質を評価することを目指し、研究を進めているとのことである。

　性別、人種など背景が多様なメンバーが加わるチームでは、均一なメンバーのチームより経済効果が高く利用頻度の高い発明が生まれることが報告されている。性別、肌の色、出身地などでなく、個人の資質が評価されると、心理的に安心して安全に意見を活発に交わすことが出来る環境となる。自分の意見が受け入れられる環境にいれば、適切な議論を活発に行うことができる。つまり、多様な背景の人が集まる場では、教育、医療、研究等の質が高まり、私たちを取り巻く多くの課題を力を合わせて解決する方法を見いだすことができるのだろう。多様な人がいれば、意思疎通に時間がかかり面倒に

感じることも多い。しかし、その過程で新しい観点に気がつくことが多いメリットを考えてみてほしい。

　新型コロナウイルス感染症の拡大に伴う、各国の政府や様々な機関の対応を目の当たりにして、医療のありかたと社会との関係の強さ、医療の重要性をあらためて認識した人は多いのではないだろうか。日本で誰もが安心して受けられる医療が提供される環境は、当たり前ではなく、社会の変化や状況に合わせ柔軟に変えていく必要がある。医師の確保や医療のおかれた環境への課題意識は社会の中にあり、変革は進んでいる。その一方で、課題はわかっているにもかかわらず未だ十分な変化には至っていないことから、変革の取り組みを加速する必要がある。その際に、長い年月を経て形作られ当たり前と思ってきた私たちの考え方が、必要な変化を起こす上で障害になっている可能性を指摘したい。今まで当たり前と思ってきたことにあえて反対意見を出してみる、あるいは得られたあらゆる情報に偏りがある可能性を疑いながら、自分で判断する経験を重ねていく必要性は高い。自分で社会を変えていけると自信を持って、自分の意見を安心して安全に人に伝えることのできる環境を整えていくために、身近な医師の課題から考えてもらえたら幸いである。

【謝辞】
　本稿でご紹介した研究は多くの方のご協力により実現することができた。ここに個別のお名前は記載しないが全ての共同研究者、研究協力者の皆さまに心より感謝を申し上げる。本研究は平成29年度厚生労働省女性医師キャリア支援モデル普及推進事業および佐賀大学評価反映特別経費佐賀大学医学部におけるダイバーシティ推進：多様な働き方の実現「バルーンプロジェクト」の資金の支援を受けた。最後に丁寧で貴重なコメントをくださった査読者に感謝申し上げる。

【課題】
　ヘルスケアワーカーとも呼ばれる医療職には女性の医療者が多い。家の中や社会では、女性が育児や介護を担うケアワーカーとして無償あるいは低い賃金で働いている。医師、歯科医師を養成する大学の医学部や歯学部あるいは大学の附属病院では、多くの女子学生が学び、女性の医師・歯科医師が働いている。一方で、その人事や運営の決定を行う病院長、教授あるいは診療科長は、圧倒的に男性で占められている。このことが医療現場にどのように影響しているのか考えてみましょう。

【読書・視聴案内】

シェリル・サンドバーグ「何故女性のリーダーは少ないのか」TED ビデオ（14 分）、
2010 年　https://www.ted.com/talks/sheryl_sandberg_why_we_have_too_few_
women_leaders?language=ja

　シェリル・サンドバーグは Meta（前 Facebook）の COO。女
性の働く環境について、また女性のリーダーシップの重要性と
女性たち自身の考え方の特徴とその変化の必要性についてわか
りやすく語っている。10 年以上たっても、未だ課題が依然とし
てあり、古くなっていないことに感じ入る。

アービンジャー インスティチュート「自分の小さな箱から脱出する方法」大和書
房、2006 年
　人はそれぞれ誰かのために役に立ちたいと考えている。それに逆らった行動をす
る際に、自分の気持ちに折り合いをつけるために、人を責めたり自分の気持ちを欺
いたりしている状態に陥る。筆者らはこの自己欺瞞の状態を「箱に入る」と表現し
ている。箱に入ってしまうとどのようなことが引き起こされるのか、相手の立場に
立って考え行動することについて、自分の捉え方を考えるきっかけになる。

無意識のバイアス
男女共同参画学協会連絡会のホームページ（https://djrenrakukai.org）
無意識のバイアス　リーフレット https://www.djrenrakukai.org/unconsciousbias/
leaflet.html
無意識のバイアス
https://djrenrakukai.org/unconsciousbias/index.html
See Bias Block Bias ビデオ
https://www.djrenrakukai.org/unconsciousbias/see_bias_
block_bias/index.html
あなた自身のバイアス度を測定してみよう
https://implicit.harvard.edu/implicit/japan/takeatest.html

無意識のバイアス
リーフレット URL

太田啓子『これからの男の子たちへ　「男らしさ」から自由になるためのレッスン』
大月書店、2020 年
　「男らしさ」とは何か、家庭の中で男らしさ女らしさが作られていることを男子
2 人を育てる弁護士ママが悩みながら考えた、ジェンダー平等時代の育児について
書かれている。

【参考文献】
厚生労働省「平成 29 年度女性医師キャリア支援モデル推進事業」佐賀大学報告書

厚生労働省「平成 30 年度 女性医師のキャリア支援モデル普及推進事業の成果と今
　後の取り組みについて」https://www.mhlw.go.jp/stf/shingi2/0000197379.html

財務省「これからの日本のために財政を考える（令和 4 年 10 月）」7. 増大する社会
　保障とは何か 8. なぜ社会保障費は増えるのか 9. 社会保障費は今後も増えるのか
　https://www.mof.go.jp/zaisei/aging-society/society-future.html

ジェシカ・ダドリー、サラ・マクラフリン、トーマス H. リー（2022）女性医師の
　大量退職を防ぐために何をすべきか 医療機関のリーダーが実行すべき 3 つの戦
　略　Harvard Business Review 202202.17　https://www.dhbr.net/articles/-/8392

日本産科婦人科学会ワーク・ライフ・バランス 女性医師就労支援　https://www.
　jsog.or.jp/wlb/support/index.html

深見佳代（2020）「女性医師の活躍を阻むものはなにか」日本労働研究雑誌 2020
　722：42-51

藤澤理恵（2019）「図表でみる医療 2019 日本」https://www.oecd.org/health/health-
　systems/Health-at-a-Glance-2019-How-does-Japan-compare.pdf　日本医師会男女
　共同参画委員会による 2017 年女性医師の勤務環境現況に関する調査報告

平成 28 年度 厚生労働科学特別研究の医師の勤務実態に関する調査研究における
　「医師の勤務実態および働き方の意向等に関する調査」

守屋普久子、岡松由記、有永照子、深水亜子、牛嶋公生、近藤礼一郎、角祥子、中
　山ひとみ、深水圭、満尾美穂、吉田典子、山川良治、矢野博久（2017）女性医師
　キャリア支援へのやる気スイッチグラフの活用—厚生労働省「平成 28 年度女性
　医師キャリア支援モデル推進事業」の成果—久留米医学会誌、80:135-142

Tsugawa Y., Jena A. B., Figueroa J. F., Orav E. J., Blumenthal D. M. & Jha A. K. (2016)
　Comparison of Hospital Mortality and Readmission Rates for Medicare Patients
　Treated by Male vs Female Physicians. JAMA Intern Med. 2017;177(2):206-213. doi:
　10.1001/jamainternmed, 7875

第8章
台湾における女性専門職の
ワーク・ライフ・バランス
——葛藤、心身の健康状態を中心に——

瞿瑞瑩・鄭雅文

はじめに

　台湾では、専門職に就く女性の数が着実に増加している。しかし、男性と比べると、女性は専門職で昇進を目指す上でいまだに多くの障害や困難に直面している。本章では、台湾の大学の学生の学力別、専攻分野別の男女比と、社会的に評価が高いが競争率の高い2つの職業——大学教員と医師の男女比を調べた。さらに、文献調査、観察、筆者自身の経験に基づいて、女性専門家がキャリアを積む過程で直面する困難について検討する。統計によると、教育のレベルが高くなるほど、それを受ける女子学生の割合は低くなる。女性の教授や医師の数は着実に増加しているが、台湾における女性医師の割合は20.8％で、日本や欧米諸国に比べるとまだ低い。女性の大学教授の割合は33.3％と日本よりも高いが、役職の地位が上がるにつれて女性の割合が減少することが明らかになっている。女性はキャリア形成において、家庭、学校教育、職場の規範、文化などの社会の構造から大きな制約を受けていると考えられる。

　過去半世紀にわたり、台湾では15〜64歳の女性労働参加率が着実に上昇し、2020年に51.4％に達した。しかしながら、台湾の女性労働参加率は依然として男性（67.2％）を大幅に下回っている。また、OECD諸国の女性労働参加率の平均値（59.6％）も大幅に下回っており、同じ東アジア国家である日本（71.3％）や韓国（57.5％）よりも低い（OECD 2021a）値となっている。

　主計処[1]の調査によると、25〜64歳までの未就職女性のうち、51％の女性が家事に従事しているために働いておらず、また11.8％の女性が子どもや高

齢者の世話をするために働いていない。逆に、同年代の未就職男性が就職し
ていない主な理由は、「老齢（＝早期退職）」が 48.0％を占め、次いで「充分
な経済力を持っているために働く必要がない」が 18.9％、「健康状況が悪い」
が 12.5％を占める。これらのデータから、家事や介護を担うことが、台湾の
女性が充分に雇用されていない現状の要因であるとわかる。

　女性が社会進出しても、その職種と仕事状況には大きな男女格差がある。
主計処の調査によると、女性労働者の給与収入は男性よりも大幅に低い。台
湾の学者が実施した職業健康調査によると、男性に比べて女性労働者に対す
る雇用保障は行き届いておらず、これにより女性労働者のタスク管理能力は
より低く、倦怠感及び他の心身の健康問題もより現れやすくなっている
(Cheng, Y. & Chen, C. J. 2014; Cheng, Y., Chen, C. W., Chen, C. J., & Chiang, T. L. 2005;
Cheng, Y., Chen, I., Chen, C. J., Burr, H., & Hasselhorn, H. M. 2013; Yeh, W. Y., Cheng, Y.,
& Chen, C. J. 2009)。

　台湾は人口が急速に高齢化している。しかし、長期介護資源がまだかなり
不足しており、長期介護システムも発展途中である。男性に比べ、家庭を担
うことに対して、女性は多くの責任を負う。加えて、労働条件が比較的不利
であるため、女性は家庭を担うことを理由に離職しやすくなる。仕事と家庭
を両立させることの難しさが経済的なプレッシャーと相まって、多くの出産
適齢期の女性は出産することに対して非意欲的であり、台湾は世界で最も出
生率の低い国の 1 つになった。

　高い学歴を持ち、社会的地位の高い専門職に就く女性は、「男性は仕事、女
性は家庭」という伝統的な性別役割分担意識から逃げられるのか、また前述
の仕事と家庭の間の葛藤を乗り越えられるのか。本章では、高等教育の教員
と医師という 2 つの専門職を選び、女性が教育を受ける段階から専門職の
キャリア形成の段階までのプロセスにおいて、経験する可能性があるジェン
ダーの課題を探る。まず、高等教育及び医学分野における性別分布を調べる。
次に、文献レビュー、観察、個人的な経験に基づき、女性が専門職のキャリ
ア形成において遭遇した困難について議論する。最後に、台湾社会の独自性
を指摘し、男女共同参画の実現に向け、政策提言を行う。

1.　統計学における男女格差

本節では、まず近年の台湾の高等教育機関や医学部における学生の男女比及び医師と教員の男女比を調べる。

（1）高等教育機関における学生の性別分布

過去の 20 年間、台湾の高等教育機関における学部生の男女割合はほぼ同じであった。2020 年には、女子学部生の割合が 49.7％であった。分野別にみると、自然科学、数学、統計、情報通信技術、工学、製造、建設などの分野（いわゆる STEM 分野―科学、技術、工学及び数学）では、女子学生の割合が大幅に下回る。教育部[2] 2019 年の統計によると、STEM 関連分野では、女子学生の割合が、科学 14.7％、技術 27.5％、工学 30.2％、数学 31.7％となった。

学歴別にみると、修士・博士課程の女子学生の割合が年々増加している。2020 年に修士課程の女子学生の割合が 46.6％に達し、博士課程の女子学生が 35.1％に達したものの、この数値は男子学生より低い。博士課程では、「教育」と「芸術と人文科学」の 2 つの分野だけで女性が男性よりわずかに多かったが、他のすべての分野では男性のほうが多かった（教育部統計局 2021）。上記の統計は、女子学生による STEM 分野への進出と専門職のキャリア形成には、女子学生が進学することにまだ大きな抵抗があることを示した。

（2）医学生の性別分布

台湾の医学部は競争の激しい学部であり、合格率がほとんど 1％しかない。医学部への進学経路は 2 つある。主な入学方法は大学入学試験であり、毎年約 1,330 人の学生を募集する。もう一つの方法は大学の他学部卒業後に医学部の個別入学試験[3] に合格することであり、毎年約 100 人の学生を募集する。表 8-1 が示すように、台湾の全医学部卒業生のうち、女性の割合は年々増加しており、2010 年は 29.9％であったが 2019 年には 36.1％まで上昇した。

それでも多くの OECD 諸国に比べると、台湾の女子医学生の割合はまだ低い。例えば、2019 年にアメリカでは女子医学生の割合が男子を上回った

表 **8-1** 医学部卒業生の性別分布（2010-2019）

年	全人数	男性人数（%）	女性人数（%）
2010	1,208	847（70.1）	361（29.9）
2011	1,184	818（69.1）	366（30.9）
2012	1,186	814（68.6）	372（31.4）
2013	1,217	806（66.2）	411（33.8）
2014	1,227	819（66.7）	408（33.3）
2015	1,317	917（69.6）	400（30.4）
2016	1,283	829（64.6）	454（35.4）
2017	1,446	967（66.9）	479（33.1）
2018	1,699	1,077（63.4）	622（36.6）
2019	1,430	914（63.9）	516（36.1）

出典：中華民国医師公会（Taiwan Medical Association）www.tma.tw により筆者作成

(Boyle 2019)。女子医学生の割合が男子より高い国はドイツ（61%）、スウェーデン（55%）、イギリス（55%）、オーストリア（50%）などである（Kuhlmann et al. 2017）。

（3）高等教育機関における教員の性別分布

　高等教育機関において、女性教員の割合が年々増加しており、2020年には33.3%に達した。しかし、職位の観点から見れば、職位が高くなるほど、女性教員の割合は低くなっている（表8-2）。

（4）医師の性別分布

　中華民国全国医師協会（Taiwan Medical Association）によると、表8-3に示すように、女性開業医の割合は年々増加しており、2020年に20.8%に達した。

　多くのOECD諸国において、女性医師の割合が着実に増加している。多くの国では、例えば、リトアニア、フィンランド、ポーランド、スペイン、ポルトガル、チェコ、オランダ、デンマークなどにおいて、女性医師の割合が男性医師の割合を上回っている。全体として、OECD諸国における女性医師の割合の平均値は47.9%である。このうち、東欧・北欧国家での女性医師の

表 **8-2**　高等教育機関における女性教員の割合（2010-2019）

（%）

年	全女性教員	教授	准教授	助教
2010	28.4	17.9	29.3	35.1
2011	29.0	18.3	30.1	35.9
2012	29.7	18.9	30.9	36.9
2013	30.4	19.6	31.3	38.4
2014	30.9	20.1	32.0	39.1
2015	31.4	20.8	32.6	40.0
2016	31.8	21.4	33.5	40.4
2017	32.2	21.7	34.1	40.5
2018	32.7	22.4	34.8	40.5
2019	33.0	22.8	35.7	40.7
2020	33.3	23.2	36.4	40.5

出典：教育部 https://stats.moe.gov.tw/files/gender/306-2.xls により筆者作成；助教の
　　　データには講師、ティーチング・アシスタント、その他などを含まない。

表 **8-3**　医師の性別分布（2010-2020）

年	総数	男性医師数（%）	女性医師数（%）
2010	39,000	32,833（84.1）	6,167（15.8）
2011	40,183	33,648（83.7）	6,535（16.2）
2012	41,186	34,301（83.2）	6,885（16.7）
2013	42,206	34,968（82.5）	7,238（17.1）
2014	43,211	35,612（82.4）	7,599（17.5）
2015	44,192	36,171（81.4）	8,021（18.1）
2016	45,213	36,791（81.3）	8,422（18.6）
2017	46,452	37,564（80.6）	8,888（19.1）
2018	47,654	38,335（80.4）	9,319（19.5）
2019	49,791	39,661（79.6）	10,130（20.3）
2020	51,237	40,565（79.1）	10,672（20.8）

出典：中華民國医師公会（Taiwan Medical Association）www.tma.tw により筆者作成

　割合は高い一方で、韓国（22.3%）、日本（20.3%）を含め、東アジア諸国で
の割合は低い（OECD 2021b）。図 8-1 に示されるように台湾は日本や韓国より
女性医師の割合が更に低い。

　日本や韓国と同様に、台湾ではまだ大多数の医師が男性であり、その割合

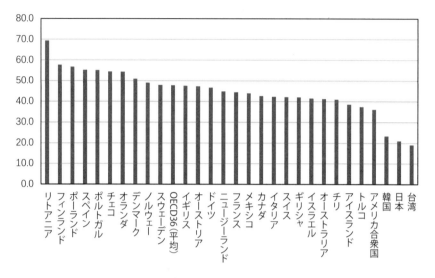

図 **8-1**　女性医師の割合：国際比較（2017）

出典：OECD Health Statistics https://stats.oecd.org/

は 80％に達する。近年、女子医学部生と女性医師の人数が徐々に増えているが、OECD 諸国の増加幅には及ばず、職場における女性医師は依然として少数派である。

2.　男女格差が生じる原因と影響

　上記の統計によると、台湾においては女性の労働参加率が低く、大学院と医学部の女子学生の割合、並びに、高等教育機関の教員及び医師の女性割合も男性より著しく低い。本節では、家庭、学校、職場、社会などの視点から、女性が専門分野において、多くの障害や困難に直面する要因及び男女格差が心身の健康に与える影響を検討する。

（1）家庭教育の過程

　伝統的な社会文化では、子どもの性別による役割分担に対する意識は親に

形成されていく。社会化において、男子は自立すること、挑戦を受け入れること、キャリアを築くことを期待される。これに対し、女子は家族を大切にすることを求められ、自立して能力を伸ばすことはそこまで必要とされない。また、女子は他人の態度や自分のジェンダー・アイデンティティによって自分に制約をかける可能性が高い。また、自分の能力を過小評価しており、業績を追求する時も外部からの批判及び夫婦関係に影響することを心配する傾向がある。性別による役割分担に対する意識が社会化されることで女子学生が科学分野へ進学しようという意欲が失われるため、結果として専門職の性別割合の偏りにも影響を与えている。この現象が東アジア社会においてより顕著であることは多くの研究で示されている（Yang, X. & Gao, C. 2019）。

（2）学校教育の過程

　前述の統計分析によると、高等教育機関において、分野の間でも性別分布には顕著な差がある。STEM 関連分野では、男性の割合が女性の割合より著しく高い。この現象は多くの国でも見られる。この現象の原因について、生まれつきのロジカルシンキング（論理的思考）能力の違いで解釈することがあるが、これは「アンコンシャス・バイアス」として問題視されるようになった。あるいは、ジェンダー社会化過程におけるインセンティブ（動機付け）やモチベーション（意欲）で解釈することもある。台湾では、医療衛生分野に属する医学部において、女子医学生の割合は 36％ に達しているものの、先進国よりまだ大幅に低い。

　台湾の STEM 関連分野や医学分野における女子学生の割合が著しく低いことは、台湾社会において理工系の職業や医療系の職業が高い評価を受けることに関わるかもしれない。このような職業に従事する人は高い社会的地位と高収入を有する。生まれつきのロジカルシンキング能力や興味がある分野が性別によって異なるからではなく、モチベーションや社会的期待に基づき、男性と女性は異なるキャリアを歩んで行く。

　そして、STEM 関連分野に限らず大学院でも、男子学生の割合が女子学生より高い。これは、高等教育における男女格差が社会的要因にも関連することを示す。博士号を取得することは、学術研究の世界に入るために必要である。しかし、この過程は少なくとも 3、4 年、長いと 8、9 年かかる。この段

階で、女性は年齢の制限によって結婚と出産を延ばすのか、学業を継続するのかというジレンマに陥ることが多い。すでにパートナーを持ち、家庭を担っている大学院生としては、男性より、女性のほうが妻の役また母親の役として、家族との対立に巻き込まれる可能性が高い。パートナーや家族から社会心理・経済的なサポートを得られなければ、学業を断念することになりやすい。また、独身者であっても、女性は高学歴であることがパートナー探しに悪影響を及ぼすということに対して懸念がある。逆に、男性は学歴が高いほど、結婚における優位性が高くなる。

(3) キャリア形成

　過去に比べると、現在の女性はより多くの学習資源とキャリア形成のチャンスを得られようになった。しかし、高度専門職に就く女性に対するステレオタイプと環境的な制約はまだ存在する。これゆえに、専門職の女性は専門の選択、昇進、ワーク・ライフ・バランスなどで困難に直面する。

　大学教員は教職に就くと、教育、研究及び雑用業務など負荷が高いうえに、継続的な評価と期限内の昇進が求められる。台湾の医師にとって、学校教育、見習、実習、臨床研修医、病棟医、フェローを経て、高校卒業の18歳から計算すれば、主治医になるまで最速9年、遅ければ15年がかかり、平均30歳で独立医師になれる。専門職の労働時間が長いため、多くの人はワーク・ライフ・バランスをとれない。特に医師の養成過程で、多くの病棟医は長時間かつ高い負荷の状態で働いているため、友人関係さえ守りにくく、十分な睡眠と休憩も保障できない。

　医療保健分野における男女格差はかなり顕著である。男性医師や歯科医は男性の割合が高く、一方で、看護師や助産師、介護福祉士などは女性の割合が高い。台湾では、この男女格差が更に著しくなっている。これに加えて、医師の給与と職位においても大きな男女格差がある。

　男性医師と比較すると、女性医師は仕事と家庭の間の葛藤のため、仕事の負荷が少ない専門分野に進出することになる。また、家庭を担うため専門研修を中止し、一般内科に異動することもある。出産後、医療センター[4]における負荷が高い研修や教育・研究に対応できず、地方病院またはクリニックに転職する女性医師も多い。そして、女性医師は収入が安定していて、かつ

勤務時間を調整できるシフト制の仕事が望ましく、クリニックでパートタイムとして働く傾向がある。

　台湾における女性医師は 20％を占めているが、専攻分野によってその人数にはかなり差がある。産婦人科、小児科、皮膚科は女性医師が多い一方、泌尿器科、整形外科は女性医師が少ない。専攻分野により男女格差が生じた原因は以下に示す 3 つが考えられる。第一に、女性医師は、自分の女性としての特性を考慮しており、産婦人科、小児科、皮膚科のような女性患者の多い専攻分野を選ぶ傾向がある。第二に、家族の世話と育児のニーズに対応するため、女性医師は長時間労働、不規則なシフト、柔軟性が低い専攻分野を避ける。第三に、泌尿器科や整形外科などのような特定の専攻分野では、長い間に男性医師が主導権を握り、男女差別化の現状があるため、女性医師は配属を希望しない傾向がある。また、仮に配属されても長く仕事し難いのが現状である。女性医師は泌尿器科や整形外科などの男性優位の専攻分野に入ると、職場の男女差別化及び患者からの不信感また言葉によるセクハラを避けるため、女性らしさを隠してボーイッシュな外見に変え、プロとしてのイメージを向上させる。

　医師は主に男性教員及び男性医師の指導の下で、勉強、研修や仕事をする。リーダーに位置する女性医師にも、男性医師からのサポートが必要である。昇進に関しては、職場の競争に直面する時、女性は自分に自信を持てずに、昇進及びリーダーを担当することに対しての意欲が低下していることが多い。女性大学教員は男性より、昇進できるまでより多くの時間がかかり、また昇進できない可能性も高い。研究によって、女性がリーダーを担当することは、必ずしも女性労働者が直面している男女差別化の環境を改善できるわけではないと明らかになっている（Bruce et al. 2015）。

　女性専門職者は、せっかく高学歴を取得しても、仕事と家庭の間での葛藤に直面する際に、妥協を余儀なくされることが多い。逆に、昇進のために男性医師は更に積極的に仕事に参加することが求められる。性別役割に対する態度が，男性と女性のキャリア形成に格差をもたらした（陳建州 2017）。

（4）仕事と家庭の間での葛藤

　現代社会では、夫婦の共働きが常態化している。しかし、「男は仕事、女は

家庭」という伝統的な概念はまだ残っている。男性と比較すると、女性は依然として家事や育児、介護などの家庭責任を負うことが求められている。

　また、アジア社会における男女差別化は欧米社会より更に厳しいかもしれない。競争が激しい専門職の世界では、仕事に専念して成果を追求する男性が褒められ、家庭を担わなくても責められない。しかし、仕事に専念しすぎる女性は、社会的な批判を浴びる。差別的な社会的態度は女性専門職者が家庭と仕事を両立することを妨げる。これゆえに、家庭を築くことをあきらめ、結婚しない、また出産しないことを選ぶ女性や、家庭を担いやすいキャリアに転職する女性が多い。

　女性専門職者は伝統的な性別役割分担意識や社会的期待に影響されているため、「労働負荷が家庭生活に影響を与えると同時に家庭責任も仕事ぶりに影響を及ぼす」という進退両難の苦境に陥りやすい。結婚・子育て中の女性大学教員は家族の面倒を見るため、仕事に集中できず、十分な休憩も取れず、仕事ぶりと心身の健康にも悪影響が生じている。Jolly et al. の研究によると、女性医師は男性医師より、週あたり 8.5 時間多く、家事や育児の仕事に費やしている（Jolly et al. 2014）。他の研究では、女性医師が男性より多くの時間を家事に費やしていることが指摘された。仕事と家庭の葛藤によって、多くの女性労働者は二重のプレッシャーをかけられる（Tulunay-Ugur, O.E., Sinclair, C.F. & Chen, A.Y. 2019）。

（5）夫婦関係、独身と独身女性への潜在的差別

　伝統的な社会における性別による役割分担に対する意識は、男女共同参画意識の高まりとともに改善されてきた。しかし、研究によると、夫婦が二人ともホワイトカラーである際に、男性は家事に参加する意欲はあるものの、実際に費やした時間はまだ限られている。更に、妻がホワイトカラー、夫がブルーカラーの夫婦関係では、家事分担における男女の不平等が改善されないどころか、男性の尊厳が脅かされていると夫が感じているため、妻がより多くの家事と育児の責任を引き受けている。

　「男尊女卑」の夫婦関係は「男は仕事、女は家庭」という性別役割に沿い、夫婦関係の対立を避けやすい。逆に、「女尊男卑」の夫婦関係は対立が生じやすく、女性が社会から認められ支持されることはほとんどない。代わりに、

夫婦関係を維持するため、女性は仕事のモチベーションを下げ、自分自身のキャリア形成を求めないように周囲から期待される。

　高学歴女性の独身状況も注目すべきである。台湾では、「男尊女卑」が主な結婚状態である。台湾の全体的な教育レベルの向上に伴い、高学歴の女性は結婚を選択しないことが一般的になると指摘した研究がある。多くの高学歴の独身女性にとって、パートナーを見つけることや、家族関係を築くことは難しい。一方、男性は学歴が高いほどパートナーを見つけやすいため、未婚また独身男性の割合が低くなっている（楊靜利ほか 2006）。就職する際も、女性医師及び大学教員は長時間、高負荷な仕事をするため仕事に高度な集中力が必要であり、仕事以外の社会活動への参加が難しい。これゆえに、独身でいることも仕方がないとされている。独身の女性労働者に家族からのサポートが欠如しており、社会からの高学歴を有する独身女性への潜在的な差別を受ける。これらが心理的ストレスの二つの要因である。

（6）妊娠と出産

　キャリア形成の初期段階において、専門職者は職場における競争を避けて通れない。この際に、女性は職場で十分に張り合えるだけの結果を残すために、男性に比べ結婚・出産を遅らせ、あるいは結婚・出産しないことを選択する。女性医師は、特に研修中に妊娠と出産の影響を受けやすい。多くの女性医師は雇用されないこと、また研修を延期されることを懸念するため、結婚・出産を遅らせる。妊娠を隠しながら仕事や夜勤を続ける女性もいる。高負荷な仕事及び仕事へのプレッシャーは不妊、流産、子癇前症（妊娠中に起こる、高血圧やタンパク尿を特徴とする疾患）などの妊娠リスクを高める。さらに、産休明け警告なしに解雇され、元の職場に戻ることができず、退職金などの補償さえもらえない女性がいる。また一部の女性医師は出産後に育児休暇の延長を希望しても病院側に断られるので辞めざるを得ない。医師の研修期間は長いため、一般的な女性の結婚・出産年齢と重なる。したがって、女性医師は自分の興味でキャリア選択をするわけではなく、ワーク・ライフ・バランスを取れる専攻を選択し、あるいはその過程で専門職をあきらめ、パートタイムで働くことになる。

3.　結論と提言

　家族教育から学校教育、職場のルール、社会文化まで、女性は専門職の
キャリア形成において、社会構造的な課題に直面することがよく見られる。
学歴が高いほど、女性は専門職に就くことができる。しかし、キャリア形成
の過程において、女性専門職者は長い労働時間、高負荷な仕事及び激しい競
争によるプレッシャーに直面するとともに、伝統的な社会の性別による役割
分担に対する意識によって仕事と家事をこなすことを期待され、また仕事量
を制約されることを避けられない。知識、社会資源と社会地位を有する医師
及び大学教授でさえ、殆どの女性労働者と同様に職場における困難に直面す
る。女性が直面するキャリア形成の困難及び仕事と家庭の対立を抑えるた
め、政府がどのような政策を制定するのかについて、以下のアドバイスを提
案する。

（1）職場における母性保護（**maternal protection**）制度の改善

　出産のために女性はキャリアを中断されることがよくある。職場における
母性保護制度の完備と実施状況は女性の労働参加とキャリア形成に影響を与
えるだけではなく、女性の出産意欲と心身の健康にも影響を及ぼす。出生率
が過去最低を更新し続け、人口の高齢化も深刻化しているが、台湾は女性の
労働参加率が依然として他の先進国より低い。現在の台湾にとって、この課
題の改善がとても重要である。

　国際労働機関（ILO）が2000年に改正した『母性保護条約（第183号）』と
同時に公表した191号母性保護勧告によって、母性保護の内容に「産休の権
利」（maternity leave）、「給付を貰える権利」（benefits）、「雇用保護と機会均等」
（employment protection and non-discrimination）、「健康保護」（health protection）、
「職場と育児での授乳」（breastfeeding arrangements at work and childcare）が含
まれるようになった。

　台湾の労働基準法では8週間の産休が規定されているが、これはILO条約
で定められた14週間よりも短く、欧米諸国（主に14週間以上）、日本（14
週間）、インド（12週間）、中国（90日）、韓国（60日）よりも大幅に短い。

法定の産休期間を延長し、女性労働者に十分な休憩を保障できるようにすることを筆者らは労働部に提案したい。

　福祉に関して、『母性保護公約』では、現金給付の水準は原則として、従前所得または給付計算のために考慮される所得の 3 分の 2 を下回ってはならないと定められている。かつ、雇用差別にならないように雇用主への経済的圧力を避けるため、現金給付が強制社会保険、公的基金または国内法及び慣行で定める方法を通じて付与されるものとすることも明記されている。ILO の調査によると、世界 185 ヶ国のうち 158 ヶ国（85％）が 12 週間以上、98 ヶ国（53％）が 14 週間以上の法定産休を規定している。また、ILO の調査対象国のうち 107 ヶ国（58％）は社会保険や公的基金を産休給付の唯一の財源として利用している（ILO 2014）。しかし、台湾の労働基準法および性別平等法によって、産休中の女性労働者の賃金は雇用主が全額負担することになる。これゆえに、労働保険により 60 日間の産休手当が提供されるものの、労働基準法に基づく雇用主の提供する給与額が労働保険の給付額では相殺できないとされている。

　産休中の給付を雇用主に負担させる台湾の制度では、雇用主と労働者の間に軋轢が生じ、男女雇用差別に至ることを回避できない。労働部が先進国の制度を参考にし、不適切な制度による雇用の男女差別を避けるように、社会保険や公的基金を利用して雇用者の責任を分担することを筆者らは提言する。

　雇用保護について、雇用主は妊娠・出産・育児などの理由で女性労働者に不利な労働条件に変更することが禁止されている。台湾の労基法と性別平等法では、関連する保護措置を明確にしている。しかし、不平等な扱いを受けた女性医師は、関連する法律に精通しておらず、自身の労働者としての権利を守る力も足りない。

　「母性保護条約」には、男性の産休も含まれている。OECD の報告書によると、男性は平均して 8 週間の有給産休がある。台湾の法律では、男性は 5 日間の産休を保障されているが、その期間の手当がない。短い産休（男性の産休も含む）及び経済責任の公共化制度の欠如は労働保護制度において改善すべき課題である。

（**2**）労働時間管理

　長期にわたり長時間労働また夜勤をすることは、男女共に心身の健康を損
ない、家族や社会の人間関係にも影響を及ぼすかもしれない。台湾では、医
療従事者は長時間労働また夜勤が必要な職種である。多くの研究によると、
研修期間中の病棟医師は深刻な過労問題を抱えている。

　医師の仕事時間を管理するという側面について、近年、たくさんの改革が
なされている。2019 年 9 月、労働部は私立病院のすべての病棟医師を「労働
基準法」の対象としたが、病棟医師全体の約 4 割を占める公立病院の病棟医
師、及びすべての主治医は、依然として労働基準法の対象外となっている。
諸外国との比較では、米国では病棟医師の週当たりの労働時間の上限は 72
時間、EU では 48 時間に制限されており、デンマークでは労働協約に基づき
労働時間の上限は 37 時間に制限されている。一方、台湾では一部の病棟医師
が労働基準法の適用を受けており、労働時間は 4 週間で 320 時間が上限と
なっている。それにもかかわらず、医師の長時間労働の問題は依然として存
在し、シフトワークの中の休息時間はまだ明確に規制されていない。長時間
労働の問題は、男性医師も女性医師も影響を受けるが、女性の置かれている
環境のために、女性医師の方がより強い影響を受けている。男性と女性の両
方の従事者の状況を改善することは、職場の環境を向上させ、女性だけを対
象とした介入から生じる格差のある扱いや差別を避けることに役立つはずで
ある。

　大学教員を対象とした研究はほとんど行われていないが、労働時間の長
さ、仕事負荷の多さ、学術分野での競争、評価や昇進へのプレッシャーなど
は、労働制度からの対応が難しい一般的な心理的ストレスの原因となってい
る。

（**3**）育児・介護制度

　また、特に育児や介護に関連したケアシステムの強化も課題である。ケア
システムが整備されることで、より家族のケアに従事している女性に、さら
には女性労働者、特により不安定な雇用条件の女性労働者が直面している仕
事と家族のケア負担の間のコンフリクトを軽減し、ワーク・ライフ・バラン
スを保つことに役立つであろう。

　制度の改革は、まず構造的な問題を理解することから始まる。職場での男女共同参画を実現する上では、職場の現状や労働者の状況だけでなく、制度設計を理解することも必要である。さらに、不平等の原因を理解し、変革を提案するための知識を身に付け、現在の対応を変えていくことが重要となる。

（翻訳　玉田雪菜・高欣）

【注】
1）主計処は台湾行政院に属する国家予算、財政業務、統計業務を所轄する機関である。
2）教育部は台湾の行政院に属する教育文化政策に関する業務全般を担当する官庁である。
3）台湾では、医学部以外の分野の学士（また学士以上）学位を有する学生が医学部の個別入学試験に参加できる。入学後の履修方法は一般の医学部生と同じである。
4）医療センターは台湾の衛生福利部の評価によって最高ランキングの医療施設を指す。

【参考文献】

Boyle, P. (2019) More women than men are enrolled in medical school. Retrieved from https://www.aamc.org/news-insights/more-women-men-are-enrolled-medical-school

Bruce, A. N., Battista, A., Plankey, M. W., Johnson, L. B. & Marshall, M. B. (2015) Perceptions of gender-based discrimination during surgical training and practice. *Med Educ Online*, 20, 25923.

Cheng, Y. & Chen, C.-J. (2014) Modifying effects of gender, age and enterprise size on the associations between workplace justice and health. *International Archives of Occupational and Environmental Health*, 87(1), 29-39.

Cheng, Y., Chen, C.-W., Chen, C.-J. & Chiang, T.-L. (2005) Job insecurity and its association with health among employees in the Taiwanese general population. *Social Science & Medicine*, 61(1), 41-52.

Cheng, Y., Chen, I., Chen, C.-J., Burr, H. & Hasselhorn, H. M. (2013) The influence of age on the distribution of self-rated health, burnout and their associations with psychosocial work conditions. *Journal of psychosomatic research*, 74(3), 213-220.

DG_BAS (2019) *Manpower Utilization Survey*. Taipei, Taiwan: Directorate-General of Budget, Accounting and Statistics of the Executive Yuan of Taiwan Retrieved from https://www.dgbas.gov.tw/ct.asp?xItem=44872&ctNode=5624

Jolly, S., Griffith, K. A., DeCastro, R., Stewart, A., Ubel, P. & Jagsi, R.（2014）Gender differences in time spent on parenting and domestic responsibilities by high-achieving young physician-researchers. *Ann Intern Med*, 160（5）, 344-353.

Kuhlmann, E., Ovseiko, P. V., Kurmeyer, C., Gutiérrez-Lobos, K., Steinböck, S., von Knorring, M., Buchan, A. M. & Brommels, M.（2017）Closing the gender leadership gap: a multi-centre cross-country comparison of women in management and leadership in academic health centres in the European Union. Human resources for health, 15（1）, 2. https://doi.org/10.1186/s12960-016-0175-y

OECD（2021a）Employment rate. Retrieved from https://data.oecd.org/emp/employment-rate.htm#indicator-chart

OECD（2021b）Health care resources. Retrieved from https://stats.oecd.org/Index.aspx?DataSetCode=HEALTH_REAC

Taiwan Medical Association. Retrieved from https://www.tma.tw/stats/index_AllPDF.asp

Tulunay-Ugur, O. E., Sinclair, C. F. & Chen, A. Y.（2019）Assessment of Gender Differences in Perceptions of Work-Life Integration Among Head and Neck Surgeons. *JAMA Otolaryngology–Head & Neck Surgery*, 145（5）, 453-458.

Yang, X. & Gao, C.（2019）Missing women in STEM in China: An empirical study from the viewpoint of achievement motivation and gender socialization. *Research in Science Education*, 1-19.

Yeh, W. Y., Cheng, Y. & Chen, C. J.（2009）Social patterns of pay systems and their associations with psychosocial job characteristics and burnout among paid employees in Taiwan. *Social Science and Medicine*, 68（8）, 1407-1415.

教育部統計處（2021）性別統計指標彙總性資料、Retrieved from https://depart.moe.edu.tw/ED4500/cp.aspx?n=DCD2BE18CFAF30D0

陳建州（2017）醫學系男女學生的生涯想像差異與影響因素、2017 年台灣科技與社會研究學會年會、高雄醫學大學、2017 年 3 月 25-26 日。

楊靜利、李大正、陳寬正（2006）台灣傳統婚配空間的變化與婚姻行為之變遷。人口學刊、33：1-32。

第9章
多様な社会における共生
──或る女性のライフストーリー──

小川寿美子

はじめに

　本章では、女性の共生と多様な社会に関する事例とそれらの経験に基づく気づきを基に、グローバル社会における様々な民族や多様な価値観を持つ人々との接点において我々はどのように共生するのかに関して検討した。特に、女性にとって一つの大きなライフステージである出産や、子育て、社会におけるキャリア形成の体験を通じて感じた共生の重要性について、一部、学生の質疑とその回答内容について言及している。本章は、1. 多様な社会における共生、2. 多様な社会と日本の若者、3. 共生のための助言、の3部構成である。

　共生社会を生き抜くために推奨することは、まず自己表現力を高めることである。なぜならば、我々は自己表現力が高まることによって他者や社会に認知される度合いが高くなり、自分が他者や社会に晒されることを通じて、自信を持つことができ、自分のセーフティネットや開放的空間を社会に広げることができるからである。

　本章の最後に、共生にはボランティアが必要であることについて説明した。日本で、ボランティアという言葉は、他人のため無償で働くという印象が強いが、新しい他者と出会い、他者の為に何か行動を起こすことによって信頼関係を構築する機会であるため、巡り巡ってボランティアという行為は自分がよりよく生き抜くための行動ともいえる。あなたがこの変動する社会の荒波の中で生きていくため、他者との繋がりを社会に張り巡らすことによって、最終的には自身のセーフティネットを強くする。ボランティア行為

は、そのため多様な社会で共生するための重要な鍵を握っているともいえよう。

　そもそも「共生学」とは何だろうか。大阪大学には平成 28 年度、人間科学研究科に共生学系という学系が設立された。文字通り「共生」というのは共に生きることだが、大阪大学のホームページには「民族、言語、宗教、国籍、地域、ジェンダー・セクシュアリティ、世代、病気・障がい等をふくむ、さまざまな違いを有する人々が、それぞれの文化やアイデンティティの多元性を互いに認め合い、対等な関係を築きながら、ともに生きることを意味する」と記載されている。とりわけ「共生」が求めているのは、「社会の状態というのでなく、社会の目標として、つまり出来上がった社会ではなく、創り上げていく社会」であり、今後更に開拓される分野である。

　一方、吉田 (2013) は、共生という概念が着目されるようになったのは、むしろ現実の社会が共生を困難にさせる要因に満ち溢れているためであり、人々に危機意識を醸成した結果ではないか、と指摘する。他者と共生して幸福に生きられる社会を樹立したいという願いは、多くの社会で共有されている。人々がありのままに生きて良いのだという考え方が共有されるようになれば、日本の社会はもう少し生きやすくなるであろう。日本ではありのままの「女性であること」で、時として生きづらさを感じることもある。

1.　多様な社会における共生：或る女性のライフストーリーと気づき

　本章では、「日本の」「ある家庭に」「女性として」生まれた或る女性（筆者）のライフストーリーを通じて、他者とどのような共生経験をしてきたか、またそれらの体験をもとに何を大学生に伝えたいかについて記述する。このライフストーリーは、順に (1) 大学での船の旅、(2) ラオスでの国際協力、(3) ベルギー留学、(4) 米国での出産、(5) スウェーデンでの子育て、(6) 日本でのワーク・ライフ・バランス、(7) 沖縄の学校教育、の 7 つのステージから構成されている。

(1) 大学時代：アジア諸国を歴訪

　筆者は大学で哲学科を専攻しつつも本にかじりつくタイプでなく、世界の
いろいろな事象を行動して見て考える方が性に合っていた。入学後すぐに筆
者はアジアの国々を訪問する船の旅「ピースボート」にスタッフとして参加
しはじめた。航海先はフィリピン、ベトナム、カンボジア。客船サンフラワー
号をチャーターし、大学生が中心となって船上や寄港地でのプログラムを企
画運営する点が魅力的な海外渡航であった。当時 19 歳だった筆者はカンボ
ジア国を訪問した際にグループリーダーを務めた（図 9-1）。当時の筆者は怖
いもの知らずで、様々なことに挑戦して体得した時期であった。

　この船の旅の企画や経験を通じて筆者が学んだことは《セルフコンフィデ
ンス》（自信）である。自分が一生懸命取り組めば、他者に何か通じるものが
あり、その他者の反応から自分が再び何か学ぶことがある。試行錯誤を通じ
て、時にリスクがあることを覚悟しつつも行動すれば、それが他人に響き何
かが生まれる。自分の考えや行動に一貫性と信念をもつことの大切さを学ん
だ。

　その他、《アウトサイダーになることを恐れない》心も、同船旅の企画に関
わって学んだことの一つである。今までは、アウトサイダーというレッテル
を貼られることを恐れていたが、ピースボートは様々な価値観を持つ乗客
が、諸外国を訪問し交流するという点で多様性の塊であり、その渦中では誰
がアウトサイダーなのかがわからなくなるほど常識がリセットされた気がし
た。他人の目を気にして集団に群れず、アウトサイダーになることを恐れな
くなったのはこの頃からであった。

図 **9-1**　カンボジアではリーダーとして挨拶（筆者は左から 3 番目）

　大学院では、医科学を専攻した。文系から理系への転向はその当時めずらしく、同級生 20 名中、文系出身者は 2 名であった。大学院では微生物病研究所に所属し、修士論文のテーマに「ネパールにおける日本脳炎ウィルスの血清疫学的研究」を選んだ。アジア諸国に役立つ人材になりたいと願い、ウィルス学の専門家になろうと思った。

　この第 1 ライフステージにおける筆者の信念は、理系と文系の融合的人材となることであった。その当時、どちらにも明確に属さない大学生は稀有であり、アウトサイダーであった。隠岐 (2019) によると、日本は文系・理系の分離が強いといわれる。人生の早い時期、特に大学入学試験の時点で実質上、理工系と人文社会系の二つに分けられて、その時の分離がその後の選択に引き続き影響する傾向が強い。この欧米にはあまり見られない日本特有の現象のもとには、明治以来の学校教育において、日本の後進国性と文教政策に対する政治的圧力があった (梅木 2018)。梅木によると、富国強兵政策による技術教育重視の影響はカリキュラム面からみると完全に文・理分別教育であり、戦時下の大学教育は完全に理系重視、文系軽視であった。文系学生は学徒出陣、理系学生は徴兵延期の措置が取られ、文・理分別教育が人間の生死にも関係を持っていた。戦後の日本は文化国家をめざしたはずであったが、経済大国となることに力を入れすぎ、文・理融合教育の機会を逸してしまったのである。さらに日本では文系・理系観は、普遍的なものではなく、個人が自己の進路選択の過程で個々に生み出すイメージや解釈として定着していったのである (岡本 2019)。

　つまり、文系・理系の枠にはまらない稀有な筆者は、日本ではアウトサイダー的存在であったが、文理融合に寛容的な諸外国の大学では受容範囲内の学生といえよう。

(2) 専門家の経験：ラオスでの保健医療協力

　筆者は、大学院で医科学修士課程を修了後、琉球大学医学部に入職し、20 歳代後半の 3 年半、JICA の保健医療協力専門家としてラオスに派遣された。プライマリ・ヘルスケア活動、つまり現地住民の健康を促進するために、住民の努力によって、彼らが主体的にやりたいと思うことを現地の資源をうまく活用しながら支援するのが業務であった。1991 年にソビエト連邦共和国が

崩壊し、ラオスは絶大なる援助国を失ったため、資本主義国に支援の要請を
し始めた時期であった。資本主義国に対する鎖国状態を解放した翌年からプ
ロジェクトは開始した。ラオスの首都ビエンチャンから350 km離れたカムワ
ン県がプロジェクト地域であった。当時、カムワン県は在住外国人がほぼ皆
無であり、現地のラオス人も日本人に会うのは第二次世界大戦以来という場
所で、筆者は生活をはじめた。英語が話せるラオス人が同県内で数名しかい
なかったため、筆者にとってラオス語を学ぶ良い機会でもあった。筆者は昨
今の情報化社会の荒波を全く感じないラオスの中にドップリ浸かって、この
国にはどのような健康プロジェクトが適切なのだろうか、と熟慮する日夜を
過ごせた。

　ラオスの伝統文化のひとつにバーシーの儀式がある（図9-2）。村に来客が
あったとき、もしくは村人の誕生日や結婚式など人生の節目に村総出で実施
する。祝いの時にはラオラオという、沖縄の泡盛の源流ともいわれる45度の
もち米蒸留酒が振舞われる。筆者は専門家として派遣されていたが、「ノミニ
ケーション」（お酒を酌み交わしての交流）も村人や同僚と心打ち解けるため
に欠かせない儀式でもあった。

　ラオス国での専門家としての体験を通じて筆者が学んだことは《階級社会
からの脱出》である。つまり医師、看護師などの保健医療資格という「階級」
が、時として人を束縛してしまうのではないかと感じ、それらの「資格」に
対する拘りから解放されたのである。筆者は当初、保健医療協力の専門家と
してキャリアを積むのであれば、医師免許を取得する必要があると強く信じ
ていた。そのためラオスでの任務を終えたら、医学部に入り直そうとまで計

図 **9-2**　ラオスの村での歓迎のバーシー儀式（筆者は左端）

画していた。しかし実際、現地では医者でなければ出来ないことが殆どなかったことを痛感した。逆に、海外の支援団体では医療従事者でないジェネラリストがロジスティックスやアカウンティングなどの専門性をもって保健医療分野を支える重要な役割を担っている事実を知るにつれて、必ずしも医療の資格を持たなくてもよい、いや却って資格を持つと資格という階級の社会の中で雁字搦めになってしまう可能性がある、と感じた。

　この第2ライフステージで筆者は、職業集団に所属することにこだわらず、ジェネラリストのスペシャリストを目指そうと心に決めた。

　職業とは個人の重要なアイデンティティであるとともに、他者に個人の社会的地位を瞬時に判断させるほどのラベリング効果を持つ。身分制が終焉を迎え、代わって分業化が発展した近代社会では、自己の職業の社会的評価が個人の評価に直結するものであり、この現実は個人にとって決して無視できない問題である（山本ら 2021）。医師や弁護士など、スペシャリストとしての職能集団が典型例である。一方、レスリスバーガー（1962）は、著書『ジェネラリストと革命』において、ジェネラリストに求められる才能は、科学の特質、社会の特質、自分自身の特質、組織の特質との関係におけるもの、これらすべての特質を獲得する必要があると述べている。権藤（2018）は、スペシャリストとしての自分を脱し、専門とは異なる研究の課題に積極的に挑むことで、多方面から物事を考える力、相手のバックグラウンドに合わせた説明の仕方などを養えると説く。そしてジェネラリストとしての能力を磨くことの必要性を強調する。

　一つの目標に向かって探究することを得意とするスペシャリストより、レジリエントに柔軟な視点で問題解決する気質に富むジェネラリスト的姿勢のほうが不確定要素の多い現代社会をしなやかに生き抜く術なのかもしれない。

（3）留学の経験：ベルギー

　ラオスには先進国から幾つもの支援団体が拠点を構えていた、とりわけ他国の人間よりも卓越した柔軟性を持っているように見えたのがベルギー人であった。ラオスに滞在中に、筆者は柔軟なベルギー人の気質にとても魅惑された。例えば、アメリカ、フランス、ドイツ等のドナーは、その当時、首都

のオフィスに留まり、現地には地元のスタッフを派遣してプロジェクトを運営する形態が目立っていた。しかしベルギー人は村に住み、村人と共にプロジェクトを運営していた。そのためかベルギー人は比較的ラオス語を習得するのも早かった。そのような彼らの姿勢に筆者は大変共感を覚えた。筆者は、ラオスでのベルギー人との交流を通じてベルギーで学びたいという気持ちを持ち始めた。結局、ラオスでの専門家としての任務を終えたのちベルギーのアントワープ熱帯医学研究所の大学院で学び、公衆衛生学修士号を取得した。

　ベルギー滞在中に筆者が学んだことは《言語は生き抜くための手段》である。ベルギー国民は公用語が多いためか、語学を習得することを目的とせず、語学の習得は自分が生き抜くための手段としてとらえている。ごく自然に様々な言語を、もしくは文化を吸収することのできる民族の懐の深さを感じることができた。

　筆者が自身の第3ライフステージで痛感したことは、副言語話者に対するカルチャーショックである。ベルギーでは、1830年の建国以来、北部のフランデレン地域、南部のワロン地域及び首都であるブリュッセル地域の異なる言語を語る民族によって構成されており、1970年代まで言語紛争が起こったが、この3共同体から成る連邦国は、3つの公用語を学ぶ教育機会が施されている。ベルギー人の副言語話者としての能力が高い理由として、ヨーロッパ諸国が陸続きであること、外国人が多いために自然に英語も話せる環境が整っていること、国内に存在する欧州機関や研究機関が多言語の動きを普及させていること、メディアを通じて多言語が日常生活の中で聞こえてくる環境であること、ヨーロッパ言語は類似性があることなどがあげられる（金井 2001）。また佐藤（2021）は、副言語話者の言語認識として、個人が複数の基準から何を選択し、それに基づきどの言語を自身の核として捉えるかには、その個人の自己規定の仕方が反映され、母語認識とは、すなわち自己認識でもあるという。

　ベルギーの公用語（フランス語、オランダ語、ドイツ語）は上述の通り3言語あり、ベルギーで生まれ育った人たちにとって、副言語話者となることは日常生活の一部である。他の外国人よりも迅速にラオス語話者になったのも、またラオス社会に溶け込むのが早かったのも、佐藤（2021）曰く、いわ

ばラオス語を母語認識するほどの自己移入も可能な生育環境に因るかもしれない。

(4) 出産の経験：米国

　筆者は米国籍の男性と結婚し、娘と息子の産休・育休期を米国のイリノイ州で過ごした。夫の故郷で、義父、義母、兄弟の近所に住み、古き良き時代のアメリカ（1950〜60年代を彷彿させる環境）を堪能した日々であった。2年以内に2人の子どもをアメリカで出産したが、1人目は帝王切開で、2人目は自然分娩であった。最初の1年間の育休の時に、子育てをしながら博士論文を仕上げた。またイリノイは非常に自然豊かな場所で、週末になると、家族でキャンプに興じた。キャンプ好きの夫、1歳7ヶ月の娘、生後1週間の息子と出産1週間後の私の4名でキャンプをしたこともある。

　後日談だが、自然の中に身を置くと、そこにある面白いものを見つけて、子どもたちは遊び始める。それが普通だと思ったが、筆者の息子が小学生になり同級生の友人とキャンプをする機会があったときのこと。自然の中で育った経験のない友人は、与えられた遊び道具がないと、戸惑いを感じていることに気づいた。「遊ぶものがないけど、何して遊んだらいいの」と尋ねる友人。しばらくすると「次に何すればいい？」と聞かれた。自然児として育った子どもは、自然の中から遊べる道具を探し出し、いつまでたっても遊びほうけている。そのような経験しかしていない筆者は、その友人は何て面白い質問をするのだろうとその時には思った。しかし後で、今どきの子どもたちの多くは、遊び道具は大人が用意し与えるもの、遊ぶ時間も、塾や稽古事の合間を縫って計画通りに進めることに慣れすぎているからなのだろうか、と改めて考え直した。彼らがこれからも他人から与えられたタスクをこなすような時間の過ごし方をしなければ落ち着かないとしたら寂しいことである。

　レイチェル・カーソンは、『センス・オブ・ワンダー』で、「子どもたちの世界は、いつも活き活きとして新鮮で美しく、驚きと感激に満ち溢れているのに、我々の多くは大人になる前に澄み切った洞察力や美しいもの、畏敬すべきものへの直観力を鈍らせ、ある時には全く失ってしまう。もし全ての子どもの成長を見守る善良な妖精に話しかける力を持っているとしたら、世界中の子どもに、生涯消えることのない、〈センス・オブ・ワンダー＝神秘さや

不思議さに目を見張る感性〉を授けてほしいと頼むでしょう」と述べている。

　第 4 ライフステージでは、カーソンが唱えた"感性"の芽を摘まない子どもの育て方について考えてみた。それは「自然という力の源泉から遠ざかることなく、つまらない人工的なものに夢中になることのない」生活を心がけることであろう。それを米国の広大な自然に囲まれ、子どもたちと共に必要最小限の日用品でキャンプをすることによって体得した。自然の中でのキャンプ体験は、子どもが成長してもいまだに年中行事として定着し、幾許かのセンス・オブ・ワンダーで自然に包まれる時を楽しんでいる。

　なお、内閣府（2019）の『子ども・若者白書』には、自然の感動体験は自己肯定感を高め、社会で求められる「生きる力」を育むという結果が公表されている。自然体験を多く経験した子どもの方が自己肯定感、道徳感、正義感が高い傾向があるという調査結果から、人づくりの原点である体験活動の機会を意図的・計画的に創出していくことが必要であるという報告がされている。

　「われわれが存在し続けるためには、生態系の全ての構成員を含めて自然と共存することの必要性を認識しなければならない」と強調したレイチェル・カーソン。『沈黙の春』の中で全ての生物に対して思いやりをかけるシュバイツァー的倫理――生命に対する真の畏敬――を認識することなしには人間同士の平和は成し得ないと語る彼女の想いは、自然とのふれあいを通じた多様性のある生物との遭遇体験がいかに大切かをも教えてくれる（多田 2014）。

（5）子育ての経験：スウェーデン

　スウェーデンのカロリンスカ研究所で筆者は国際保健を学んだ。筆者が講義を受講している間は、夫が娘と息子の世話を楽しんでいた（図9-3）。

　スウェーデンでの経験を通じて筆者が学んだことは《授業料無料と人材育成》である。スウェーデンには先進国のみならずアジア、アフリカなど世界中から学生が集まってくる。スウェーデンをはじめ、北欧の多くの大学は授業料無料であるため、洗練された学生が集まってくるのである。スウェーデン政府は教員や教育機関に対して出資しているのにもかかわらず、外国人にも授業料を無料にするということによって政府は損をしているのでは、と考

図 **9-3**　カロリンスカ研究所にて（夫と子どもたち）

えがちである。しかし、世界中から優秀な人材がスウェーデンに集い学び研究する機会があることは、人材育成という長い年月がかかることに、世界を視野に入れて貢献することであり、巡り巡ってスウェーデンの財産となっていると筆者は考える。例えば、ラオスでの保健医療プロジェクトでスウェーデンのチームのパートナーとなったラオス人が、カロリンスカ研究所でその後、学位を修得する機会があった。学位修得後は、プロジェクトを研究として発展させ、継続的にかかわり続けているなど、人材育成に重点を置いたスウェーデンの援助戦略というのは、素晴らしいと筆者は感じている。

　またスウェーデンで筆者が学んだことは《多様性の懐が深い》点である。筆者が通った大学院では女性がベビーカーで乳児と入室するのは普通であった。それが 2005 年の話である。一方、日本では未だに「政治の場に子連れなんてけしからん」という意見もあるような閉鎖的な社会であるのが対照的である。スウェーデンでは高齢で結婚する人たちが比較的多く、時として不妊カップルもいる。筆者の研究所の同僚のカップルは中国から養女を受け入れていた。ある週末、その同僚に誘われて森にキノコ狩りに行った。そこには、アジアの孤児たちを養子にする人が多かったのには驚いた。私の同僚は中国からの養女を受け入れ、その友達はカンボジアの男の子を養子に、その他インドの男の子を養子にした家族もいた。スウェーデンの国自体は多様性を認めオープンな一方、そこに集う人々が多様な国籍であればあるほど、異なる文化や習慣と接して自分の常識を見つめなおす機会が多いことを改めて感じた。

　この第 5 ライフステージでは、スウェーデンの育児環境と子育てについて考えた。スウェーデンでは、1960 年代に専業主婦論争が始まり、男女間の「機会の平等」が望ましいという言説が支持されるようになり、1970 年代にはジェンダー平等が大きな政治目標に位置付けられた。「男性の解放なくして、女性の解放はない」と捉えられ、男性も単にお金を稼ぐだけでなく家庭生活や子育てに関わる権利があると考えられ「二重の」解放のビジョンに基づく家族政策が推進された（善積 2011）。スウェーデンの事例は世界の共働き家族支援型への改革モデルとなり、労働時間短縮や育児休暇取得拡大などワーク・ライフ・バランス的な改革も実施されてきたが、供給体制では従来の社会民主主義レジームの形から離れた民間委託が進んでいる。そのため社会保障体制をめぐる新しい分岐を迎えていると言われている（宮本 2013）。福田（2003）によると、日本の子育て支援策は、（当時の）EU16 ヶ国の支援策（出産休暇、育児休暇、育児サービス、児童手当、モデル家族）と比較した場合、スウェーデンを含む北欧諸国よりも、ギリシャなどの南欧と類似パターンがあるという結果が導かれている。

　上記の研究より、スウェーデンでの子育て支援政策は、おいそれと日本が追従することは難しいことがわかる。子育て支援の日本型モデルの創出など、子どもが育ちやすい、親がより育てやすい環境づくりが望まれる。

(6) ワーク・ライフ・バランスの経験：沖縄

　筆者は 1992 年から沖縄に在住している。筆者にとって沖縄は、大学教員としての仕事と家庭の大切な拠点である。筆者が、将来の夫となる Dr. Eugene と最初に出会ったのは世界銀行と JICA の共同プロジェクトであった。世界銀行は、貧困削減と持続的成長の実現に向けて、アジア、アフリカなどの援助を必要とする政府に対して融資や技術協力政策助言を提供する国際開発・金融機関であり、Dr. Eugene は保健医療分野のシニア・スペシャリストであった。筆者自身、彼と仕事をし始めた時には、その後、結婚する相手とは想像もしていなかった。結婚を意識し始めたのは、大きな共同プロジェクトが終わった 2 年後のことであった。

　筆者は、結婚は妥協してすべきではないと思っている。そのため、一生添い遂げたい、この人なら尊敬できる、ちょっとのことは我慢できる……とい

う男性と巡り合えずに30歳代半ばを迎えていた。Dr. Eugene は、仕事のよき
理解者であり、尊敬できる同僚であったため、パートナーへと急展開した。
彼は早期退職をして、沖縄に拠点を移した。産休・育休中筆者は、Dr. Eugene
の故郷である米国イリノイ州に移動し、彼はその後もスウェーデンで、そし
て沖縄で常に私に寄り添い娘と息子を楽しそうに育てていた。今思い返す
と、筆者自身のワーク・ライフ・バランスが偏っていなければ、彼に子育て
を任せきりでなく、共に子育てを楽しめたかもしれないと後悔する。ワー
ク・ライフ・バランスは、今回の共生の話題のテーマの一つでもあるが、日
本では残念ながら実践に至る道のりは険しいと感じている。

　第6のライフステージのテーマは、日本での子育てと仕事のバランスの必
要性である。前述の第5ライフステージの場となったスウェーデンの研究報
告には「男性の解放なくして、女性の解放はない」、即ち男性も単にお金を稼
ぐだけでなく家庭生活や子育てに関わる権利があるとあった（善積 2011）。
しかし、それを日本に導入しても「男性の解放」により労働時間が減り収入
も減る結果となり、男性の収入の高さが日本では結婚満足度の一大要因のた
め、夫婦関係を悪化させかねない。

　そこで筆者は日本でワーク・シェアリングが普及することを望む。本来の
ワーク・シェアリングは不況時には1人当たりの就業時間や給与を平常より
減らして解雇者を少なくすることだけでなく、好況時には就業時間を一定の
正常な時間以上にはせず雇用を拡大するのである。これは、働く人々に自分
自身や家族のために幸せに生活するのに必要なゆとりのある時間を与え、他
方で雇用をより多くの人たちと分かち合うことを意味する（山口 2007）。
ワーク・ライフ・バランスとともにワーク・シェアリングの考えを見直し、
普及してほしい。

（7）学校教育の経験：沖縄

　いよいよ子どもたちの就学が始まったときのこと。娘は当初、日本の公立
小学校に通ったが、まず直面したのが画一化教育であった。例えば、小学1
年生の授業参観でのこと。担任の先生の顔色を一生懸命読んでいる児童たち
の姿に筆者は愕然とした。また教師の顔色の変化に縮こまっている児童もい
た。本音と建前というものはいずれ大人になる過程で私たちは学ぶことかも

しれないが、小学1年生という、あまりにも早い時期に自分の本音と公の顔を変えることを学んでいる姿に非常に空恐ろしくなった。

その他、勉強方法に関して量を重視、質を軽視する教育方法に筆者は吃驚した。沖縄では殆どの小・中学校で「がんばりノート」を用いている。これに記載するのは毎日の宿題、その日に学んだことなど内容はなんでもよし。翌日、先生にノートを提出するが、その評価方法が質よりも量なのである。何ページこなしたかを競っていると、やがて中身が疎かになる。大きな字で書いてスペースを埋める児童、理解していることをリピートして書き続ける児童もいた。やがて、せっかく時間をかけてがんばりノートのページ数をこなしているにもかかわらず、結局努力をしても学力が伸びないことに子どもは気づく。がんばりノートを10冊終了して校長先生から賞をもらった児童も、手が痛くなるほど頑張って書いているのに、なんで成績が良くならないのかと、努力と成果がかみ合わなくなってくる。本来、理解不足の点をしっかりと理解できるようにするプロセスこそ、勉強する、学ぶことの意義である。しかし量（ページ数）を評価し、質（内容）を確認せずに先生も褒めたたえてしまう。時には小学1年生が一日の復習に17ページ、わかりきったことを書きなぐって提出したのに、先生に褒められていた。筆者は沖縄の地方新聞にこの「がんばりノート」の是非を論じたこともある。このまま質を軽んじ量を重んずる教育が続けば子どもが無力感に陥り危ない、と警告した。

その後、娘は公立から私立の小学校に転校した。うるま市にあるインターナショナルスクールである。同学校は15ヶ国から先生方が集うグローバルな学校であり、日々の学校生活における様々な国と文化的背景をもつ先生との英語での対話を通じて、英語の多様性、つまり表現や発音の違いも体得できる機会があった。そのようなグローバル空間で学ぶと、常識にもいかに多様性があるのかということを自然に体得できた。またプレゼンテーション力、アウトプットするスキルを獲得することに重点を置いた教育が行われていた。

筆者が懸念したのは親の夢を叶える場として、この学校を“利用”しているケースであった。保護者の中には自身が英語に苦手意識があるため、せめて子どもには克服してもらいたいという気持ちで入学させる場合があった。

子どもとしては板挟みで、子どもの中にはそのことによりもがき苦しむケースがあった。例えば学校で英語の宿題が出た際に、自宅で解こうとするが、わからないところを保護者に聞いても保護者が英語が苦手な場合、子どもは宿題を終わらせる事が出来ない。次第にその子は遅れをとってしまいその教科や英語が嫌いになっていった。親は「あれ、英語ができるようになると思ったからこの学校に入れたのに、この学校はダメなんじゃないの」と学校を非難し始めた。このようなネガティブスパイラルに陥ってしまった親子の事例を、初代 PTA 会長として何件もみてきた。自分の夢を親として子どもに託すのはいいが、それを押し付けるのは良くない。また子どもが本当に心地よく毎日学校で学んでいるのかは、親として子どもや教師との対話を通じて時々確認することが大切である。

　加えて、親に自分の夢を実現させたいという気持ちがあるのなら、自身も苦手を克服する努力をする姿勢があれば、それは子どもへの大きな刺激になる。英語が苦手なら、子どもと一緒に学びなおす、などの努力が必要である。親は知らぬ間に背中や態度を子どもに盗み見されているものである。例えば英語が苦手な親でも頑張って学ぼうという姿勢は、子どもにも伝わるものである。

　最後に、子育てに大切なことの一つとして「親が子どもを見守って待つ」ということを付け加えたい。昨今、ついつい親は「宿題しなさい」「早く〇〇しなさい」「なんで△△するの！　駄目でしょ！」など、口頭で命令口調で指示してしまいがちである。時間との勝負である登校前や習い事への移動時など、急がねばならないときは特に連発してしまう。しかし子ども自らが考え行動する機会をなるべく多く設けることは、子育てに重要であると思う。

　第7ライフステージでは、「見守り待つ」教育について考えたい。

　風間（2017）は、見守るしつけと子どもの感情制御について縦断研究結果を報告している。それによると、幼児期の親の見守るしつけは、児童期の子どもの攻撃行動と負の関連傾向を示したことから、そのようなしつけは、児童期以降の子どもの発達にとって、必ずしもネガティブな意味を持つものではないことを示唆している。

　見守るしつけでも、終始何も言わず行動せずではネグレクトになってしまう。そうでなく、子どもが自分で考え行動したことに対して賞賛の言葉をか

けてあげること、もし間違えた行動をとっていたら、疑問を投げかけてあげることなどレスポンスとしての声掛けは重要である。

2.　多様な社会と日本の若者

　多様な社会における日本の若者について、特に引きこもり、若者の進化あるいは退化について述べる。

　Michael Zielenziger は 2007 年に日本の若者の引きこもりに関する本を出版した（Zielenziger 2007）。この本は日本語訳が光文社からも出版されている。2018 年度の内閣府の調査によると、満 40 歳から 64 歳までの引きこもりの出現率が日本では約 1.5%、61 万人いるという推計がある。また引きこもり状態になってから 7 年以上経過してもまだ状態が継続する人たちが 5 割を占めていることから、日本の引きこもりは長期に及ぶ傾向が認められている。引きこもり状態の中でも、基本的生活を親に依存してなかなか独り立ちしない子どもが 2007 年の段階から現在に至るまで問題視されている。

　世界の若者と日本の若者の意識の比較について、内閣府が興味深い調査結果を公表している。「我が国と諸外国の若者の意識に関する調査」の対象国は、日本、韓国、アメリカ、イギリス、ドイツ、フランス、スウェーデンで、対象年齢は 13 歳から 29 歳、各国 1,000 人を対象とした大規模な調査である（内閣府 2018）。顕著な結果として、日本の若者の自尊心が他国の若者に比べて低いことがあげられる。すなわち自分自身に満足している日本人の若者が比較的に少ないということである。筆者は以前担当した講義で、内閣府の調査結果を学生に紹介した。その中で「日本人の若者は自尊心が低い」ことについて、意外にも受講生の多くが敏感に反応した。後日、学生の感想文を読むと「私も実は自尊心が低いことに悩んでいる」という記述が多かったのは意外であった。

　筆者は、日本の若者の自尊心が低い理由は、個性を尊重しない教育にあるのではないかと考える。例えば筆者の子どもが通った公立学校では、先生の言うことを聞かない児童は注意されノートに記帳され、言い訳も聞いてくれる雰囲気がない。子どもの心には葛藤がわきおこり、どのように表現すれば

先生が、社会が受け入れてくれるのか混乱するようになってしまう。日本の
若者の自尊心が低い理由は、このように本音と建前を助長する教育と、画一
化した教育にあるのではないだろうか。

　また日本の若者は、挑戦を避けたがる（上手くいくかわからないことには
意欲的に取り組まない）傾向にあるという結果が報告されている。その他の
結果として、日本の若者は、社会現象を変えられるかもしれないという挑戦
的な気持ちを持つ人が比較的少なく、また将来に希望を持っている日本人の
若者は 6 割程度と少ない（諸外国の若者では 8 割以上）。

　どのようにすれば、自分の手で社会を変えるという考えに至るのか、とい
う質問を以前学生から受けたことがある。筆者自身も簡単に社会を変革でき
るとは思っていないが、何もしないよりもまずはアクションを起こしてみ
る、それによってまず自分の常識が絶対正しいとは限らないことを知ること
ができる。他者との繋がりのなかに自分の身を置いて、様々な経験をするこ
とから得られる知識も多い。後で詳しく述べるが、自分自身のソーシャル
ネットワークを広げること、そしてボランティアをすることで、多様な生き
様の人と出会い、影響を受け、あるいは感謝されることによって、自身の実
在をよりよく再確認することができる。人は行動しながら考え、その社会の
中で何に貢献できるかということが見出せる。社会変革の為には首相や県知
事にならなければと大上段に構える必要はなく、自分の背丈で社会のために
出来ることは何か、そしてそれを実行することで自分も満足できることは何
かを考える、それがひいては社会への貢献もしくは社会変革に繋がるのでは
ないかと考えている。

　また日本の若者は海外に比べて悲観的な考えを持つ人が多いという調査結
果に対して、ある学生からは、はたして悲観的な考えを持つ自分を変えるこ
とはできるのか、もしできるとすれば、その方法やきっかけはどんなものが
あると思うかといった質問を受けたことがある。筆者は、悲観的な人がいる
としたら、その人は自分の世界を狭めてしまい、その出口を見つけきれない
のではないかと思う。他者との繋がりの中で、人は他者から感謝されると、
それが自分の生きがいに繋がるはずである。悲観的な考えを肯定的な方向に
変えるためには、やはり他者と、そして社会との繋がりをつくるアクション
を起こすことが肝要である。具体的に何をしたらいいのかわからない人に

は、後に詳しく述べるボランティア活動に着手することをお勧めする。

　果たして我々は世代を追うごとに徐々に進化しているのか、それとも退化しているのか。例えば、体格についていえば、若い世代ほど進化（成長）している。つまり平均身長は高くなり体重は重くなっている。一方、体力は若い世代ほど劣る傾向にあるといわれている。それは就寝時間が遅くなり、朝食抜きになるなど、不規則な日常生活のネガティブスパイラルによって起こるともいわれている。また、現代社会では《自然のなかで自分を晒し経験する機会》が危機的に少ない。若い世代ほどスマホ、テレビゲームを通じてバーチャル世界には身を晒す機会が多くなり、現実世界に晒される機会が少なくなっている。加えて親の"自己実現"を我が子になすりつけていないか、本当に子どもはハッピーか、通っている学校や稽古事は本当に子どものやりたいことなのかどうか。親は子どもの教育に関して、当人である子どもの本心を等閑にしてはいけない。

3. 共生のための助言

　最後に、現代社会を生き抜くために、そして様々な価値観を持つ人々と共生するために、我々はどうしたらいいのかについて考えよう。筆者は自分の体験から 3 つのことを強調したい。

　1 つめは《自分を信じる心を向上させる》、2 つめは《自己表現力を高める》、3 つめは《自分を社会に拡張すること》である。

　まず 1 つめについてだが、我々はとかく情報の波に飲まれ、その中で価値判断が困難になりやすい。時に流されやすくもなり、一方で流されまいと保守的になり社会への関心や好奇心が減退してしまう。後者の例を筆者は"ウニ現象"と表現する。イメージは、殻全体に細かく短い棘のある白髭ウニである。一匹のウニを一人の人間に例えると、自分の身から細い棘を社会にほんの少し伸ばすだけの情報しか収集しない。その棘も脆く、自分と社会との繋がりを形成するのが困難で孤立しがちである。自分を信じる心を向上させるには、内向きにならずに外に目を向け、他者や実社会と繋がることが大切である。その積み重ねにより柔軟性のある常識を持つことができる。それに

より単純に今の自分の価値判断で優劣をつけたり、判断を迫られた時にすぐに○×とせず、なぜ他者はそう思うのかと、立ち止まって自分なりに考える習慣、自分が意外だと思う価値判断を自分の中で咀嚼する習慣をつける。その結果、おいそれと情報に流されない、自分を信じる心を養うことができる。

　ここでひとつ、学生の皆さんに質問したい。皆さんは次の2つの事例のどちらを「成功」だと思うだろうか。前者は、自分が他人よりも優れていることを証明できたとき、後者は、自分を成長させることができたとき。積極的心理学では前者よりも後者を成功と考える。なぜならば、前者の成功は他人の出来不出来に依存するため、自分だけで自分を幸せにすることができなくなるためである。

　例えば、フィンランドという国は人口 530 万人の小さな国だが、そこでは子どもたち全員を社会に役立つ人間に育てることに全力を注いでいる。現在日本は少子化人口減の一途をたどっているが、そのようななか教育もフィンランド式に展開すべきと筆者は考える。かつての日本は人口も多く、勝ち組・負け組と分ける余裕があった。しかし今の日本で負け組とレッテルを貼られた人は、もしくは自分自身が負け組だと思ってしまうと、社会での役割を果たす気力がなくなってしまう。少人数の若者の中で勝ち組・負け組と分けるようなことをやっている場合ではない。フィンランドでは、「この国に生まれてきたのであれば、この国のために君たちは役立つ人材になりなさい」、と言われて子どもたちが育っている（名城 2012）。そのため少々数学ができなくても少々国語ができなくても、一人ひとりが自分で目標を持ち、自分を成長させることが一番大切であるという、皆の存在が社会には大切といった、誰一人取り残さない包容力のある社会が生まれる。

　次に2つめについてだが、例えば、諸外国語を学ぶ際に、まず自分が表現力に乏しい日本人であることを忘れて、挨拶はお辞儀のかわりに握手やハグをしてみるなど、その国の人のような態度で振舞ってみる。その理由は、時に日本人の礼儀正しい文化様式が外国語の習得を邪魔する場合があるためである。それから大勢いる前で演じる経験を多くもつと、羞恥心の壁を低くすることができる。余談だが、諸外国語を学ぶツールとして AI の双方向携帯音声翻訳機は利用価値がある。使い方は、まず自分が発した日本語を AI 翻訳機がある言語に翻訳して返答を得る。翻訳機から聞こえてくるその返答を

聞き取り、音声を発声してみる。翻訳された文章の発声を AI 翻訳機が聞き取り、それが最初に発した日本語の内容に戻れば、外国語の表現をひとつ修得出来たということになる。それを継続すれば、やがて外国語を習得できる。現代ならではの手法として推奨したい。

　最後の《自分を社会に拡張すること》について説明したい。まず自己の可能性と限界を知ることは大切なことであるが、それと同時に友人、家族など身近な他者の性格、生きざま、趣味、技能などに対して素晴らしいと思う心や自分もその人のようになりたいと尊敬する気持ちを抱くことはとても大切なことである。他者に対して称賛する気持ちを持つことによって、我々はその他者と強い繋がりを持ちたい……という気持ちになる。そのような特別な他者の存在によって、我々は自己を拡張するイメージを抱くことが出来るようになる。

　例えば、あなたが車の修理を苦手とする人と仮定しよう。しかし車にもし問題があったらあなたよりも車のことをよく知っている自動車の整備士に相談すれば解決するであろう、という安心感がある。あなた自身がすべてを知り尽くした万能人間でなくても、あなたの代わりに問題を解決してくれる人がこの世の中にいる。あなたの代わりにあなたの問題を解決してくれる他者との繋がりを徐々に増やしていく。あなたを支えてくれる他者とソーシャル・ネットワークを広げていくプロセスが、ここで述べる《自分を社会に拡張すること》に該当する。ソーシャル・ネットワークを拡張することは、結局あなた自身のセーフティ・ネットを他者そして社会に拡張することになる。図 9-4 は、その考えをデザイン化したものである。あなたが苦手なこと、

図 9-4　ソーシャル・ネットワークによるセーフティー・ネット（E. Ogawa 作）

支援を必要としていることは、あなたの信頼のおける他者が補塡してくれるという安心感は、他者との繋がり、ネットワークを拡張すればするほど強くなる。このように複数の他者と信頼のおける繋がりを構築することによってこの多様な社会で生き延びるセーフティ・ネットを強くし、あなた自身、日常生活、そして人生を楽しく過ごすことができる。

　2019 年より新型コロナウィルスの影響で他者との関わり方に変化が生まれたと思うが、自分のセーフティネットを他者に広げるために、これからどうしていくべきだと考えるか、と学生から質問があった。筆者はコロナ禍で他者との関わり方が疎遠になり、対面の機会が少なくなるといった大きな変化が生じたのは事実であるが、コロナ禍の体験がすべて負の遺産だとは思わない。例えば、オンラインの急速な発展により、私たちはインターネットに接続すれば物理的に離れている場所同士でも、情報を交換しつつコミュニケーションがとれる、繋がれることを実感し、この技術をここ数年で急速に発展させてきた。もちろん、新型コロナウィルス感染症の世界的蔓延により人の命が奪われ、医療崩壊が起こり、貧富の格差が更に悪化するなど、負の面も多々ある。学生にとっても、対面の授業や学生同士の交流が極端に制限されるなど大変な毎日を過ごしていることであろう。しかし現状を憂うよりも、このような制限された状況下でも自分にできることは何かということをポジティブに考えることも大切である。例えば、海外に行かなくても、身近にできることはないかと考え始めるいい機会である。筆者は名桜大学の国際ボランティア学研究会というサークルのアドバイザーだが、彼らもタイ北部で地域開発プログラムへの参加の予定や留学の計画を断念しなければいけないことに不満を漏らす前に、今、自分の身のまわりで出来ることは何かを貪欲に探して実行している。また、沖縄にも外国人技能実習生が多いが、サークルの学生たちは彼らに日本語を教えながら交流をはじめた。

　行動することはとても大切である。頭で考えてばかりとか、オンラインのみの交流だけでなく、具体的な行動を、まず自分ができる範囲からとれないかどうか、意識的に周囲を見渡して考えてみてはどうだろうか。きっと何かあるはずである。

おわりに──他者と繋がるきっかけとしてのボランティア──

　多様な社会で様々な価値観を持つ人々と共生するために勧めることは、まず自己表現力を高めることである。自己表現力が高まると、人は他者や社会に認知される度合いが高くなる。また、他者や社会に晒されることを通じて自信を持つことができる。自信を持てば、あなた自身の限られた空間（身体）を飛び出す勇気を持つことができ、自分自身のセーフティネットや開放的空間を社会に広げること、社会との関係をより良く構築することが出来る。社会との繋がりやセーフティネットの構築によって、人は現代社会をより楽しく生き抜くことができるであろう。

　最後に他者と繋がるきっかけとしてのボランティアについて説明する。ボランティア活動を通じて私たちは新しい人との出会いや繋がりが可能となる。つまりボランティアによって、人のセーフティ・ネットは更に強固に拡張するのである。

　一般に、ボランティア活動は他人のために無償で働くという印象が日本では定着しているが、筆者は基本的にボランティアというのは新しい人との出会いと他者との繋がりを通じた自分自身の成長の機会と考える。またボランティアは、巡り巡って他者のための行為以前に、自分自身のための行動である。我々がこの複雑な情報化社会の荒波の中でよりよく生きるため、他者との繋がり（ソーシャル・ネットワーク）を張り巡らすことによって、最終的には自分のセーフティ・ネットはより強くなる。このようにボランティア活動は自分自身のための行為であると考え直すことができれば、より魅力ある行為と感じるであろう。是非とも様々なボランティア活動にチャレンジしてみてはいかがだろうか。

【課題】
子育てやキャリア育てに関する社会通念や意識、また制度について、日本と諸外国での違いについて調べてみましょう。

【読書案内】
マイケル・ジーレンジガー；河野純治 訳『ひきこもりの国』光文社、2007 年

　日本特有の「ひきこもり」現象を生む土壌として、経済面、社会面での日本独特の習慣、女性の地位、家族形態の変遷、戦後政策のあり方、経済危機に対する対応の遅さが裏にあると筆者は考える。日本の外から見た日本の現状について客観的に捉えることが出来る本。

リチャード・ループ；春日井晶子 訳『あなたの子どもには自然が足りない』早川書房、2006 年
　現代の子どもに欠けているのは、自然からの学びである。筆者の子どもたちの体験や各分野の著名人の経験や声から、まさに子どもに自然体験が必要ということを切々と物語っている、良い教育書である。これから親となる若者にぜひ読んでもらいたい本。

日本国際保健医療学会（編）『国際保健医療協力のキャリアナビ』南山堂、2016 年
　国際保健医療、というと、医者や看護師が活動する分野と思いがちだが、この本には、その他、文系出身や、体育大学出身の者が、国際保健医療分野で活躍する事例も紹介。自身のキャリアプランを描きたいときに多くの示唆を得ることが出来る。

【参考文献】

梅木松助（1995）「日本における文系・理系分別教育の歴史」『日本教育学会大會研究発表要項』第 54 号、206-207 頁
岡本紗知（2019）「文系・理系観の形成プロセスの解明」『日本科学教育学会年会論文集』第 43 号、日本科学教育学会、373-374 頁
隠岐さや香（2019）「日本における文系・理系の分断？─歴史的視野から振り返る」『学術の動向』第 24(8)号、72-77 頁
風間みどり・平林秀美・唐澤真弓（2017）「見守るしつけと子どもの感情制御：縦断研究からの検討」『第 59 回日本教育心理学会総会発表論文集』一般社団法人日本教育心理学会、597 頁
金井裕美子（2001）「EU4 ヶ国における多言語の状況：デンマーク・オランダ・ルクセンブルグ・ベルギー」『慶應義塾大学湘南藤沢学会』1-16 頁
権藤詩織（2018）「スペシャリストかつジェネラリストとして　特集 新たな価値創造のために─女性活躍と多様性の推進」『日本機械学会誌』第 5(121)号、16 頁
佐藤美奈子（2021）「多言語社会ブータン王国における複言語話者の母語認識」『Studies in Language Sciences』第 31(19)号、85-92 頁
杉山三七男（2003）「レスリスバーガーのジェネラリスト観（「ジェネラリストと革命」（1962）の翻訳）」『環境と経営：静岡産業大学論集』第 9(1)号、61-68 頁
多田満（2014）「センス・オブ・ワンダーへのまなざし：レイチェル・カーソンの感性」東京大学出版会

内閣府（2018）「我が国と諸外国の意識に関する調査」　https://www8.cao.go.jp/
　youth/kenkyu/ishiki/h30/pdf-index.html 2018（閲覧日：2020 年 7 月 2 日）
内閣府（2019）「子ども・若者白書」https://www8.cao.go.jp/youth/whitepaper/r01hon
　pen/pdf_index.html（閲覧日：2022 年 10 月 2 日）
名城政一郎（2012）「子どもがやる気になる教育論」PHP 研究所
福田亘孝（2003）「子育て支援政策の国際比較：日本とヨーロッパ」『人口問題研究』
　第 59(1)号、7-26 頁
宮本太郎（2013）「比較のなかのスウェーデン：子育て支援を中心に」『公共政策学
　年報』第 17(7)号、48-57 頁
山口一男（2007）「夫婦関係満足度とワーク・ライフ・バランス」『季刊家計経済研
　究』第 73 号、50-60 頁
山本準・岡島典子（2021）「『資格社会』研究の課題と展望：公的職業資格に関する
　社会学的一考察」『鳴門教育大学研究紀要』第 10(36)号、157-176 頁
善積京子（2011）「スウェーデンの家族変容―家族政策と生活実態―」『家族社会学
　研究』第 23(2)号、196-208 頁
吉田公平（2013）「幸福学としての共生学」『共生科学』第 4 号、24-33 頁
和田文雄（2013）「ベルギーの言語紛争について」『広島経済大学研究論集』第 35
　号、4 頁
Racheal Carson（＝上遠恵子訳）（1996）『The Sense of Wonder』新潮社
Zielenziger, M.（2007）Shutting Out the Sun: How Japan Created Its Own Lost
　Generation, Ballantine Books Inc.

あとがき

　現代社会でより孤立した母親は、産後うつや、社会から取り残されてしまったと感じる不安と闘いながら、子育ての日々を頑張っている。どうすれば子育てを楽しめるようになるのか。地域社会での子育て支援は、現代日本社会において期待される活動である。仕事と家族のバランスをとりながら働きたい女性の生涯から子育てを切り取ることはできない。若い世代の間で既に観察されている、子育てやその他の介護の役割に自然に関わる男性／父親は、超高齢社会の課題に対処するための鍵の一つであろう。

　本書に寄稿してくださった先生方のお子さんたちは、わが娘より数年、年上である。小１の壁や小４の壁など、それぞれの年齢で直面する課題もある様子である。娘がまだ幼稚園に入る前の年齢である今の私に見えていること、書けることにはどうしても限界がある。本書では、何年にもわたる子育てを先行して経験されている先生方のお話で、よりバランスの取れた内容にふれることができた。個人的には、これから、このようなことが待ち受けているのか、と心構えをする参考にもさせていただくことができた。

　育休を取る余裕もなく職場復帰している研究者である同僚は、（筆者を「ママ友」と呼べるまで）「ママ友」がいなかったという方々も何人かいらっしゃる。仕事を続けて社会参加をしていても母親としては孤立を感じているのだ。保育園の保護者たちの間で交流がなく、地域コミュニティの子育て支援事業に参加することもなくそのまま職場復帰してしまうと、コロナ禍ではますます、「ママ友」ができる機会はない。高齢で子どもを授かった筆者は、子どものためにも頑張って地域コミュニティの場に出かけて行ったが、簡単に同世代の友人が見つかるかどうかについては、難しいだろうと思っていた。その心配に反して、意外にもたやすく、いろいろな世代の母親たちと友人になれた。

　その後、筆者も職場復帰をして「孤育て」になるところ、本書のプロジェクトや、またそのもととなる開講のおかげで、研究者仲間たちと、これまでの付き合いでは話題にしなかったことを話せるようになり、「ママ友」同士のような会話を楽しむことができた。お嬢さんたちのおさがりをいただいた

り、それと同時に、その服にまつわる思い出を教えてもらったり、子育ての
アイディアを教えてもらったりした。一緒に子連れで子育て支援イベントに
参加したり、遊びに行ったりしたことがあるわけでもなく、子どもたちの年
齢も違うとはいえ、共著者らを「ママ友」・先輩＆「パパ友」・先輩と呼ばせ
ていただいている。それぞれの方々を長年、その専門分野において存じ上げ
ていたわけであるが、お互い人生を重ね、今回、この開講・執筆プロジェク
トをとおして、もっとパーソナルなところでそう親しく思うようになったわ
けである。

　学界でも男女の格差が大きく、女性が母親でありながらキャリアを維持す
るために、どれほど努力を求められるかを理解してもらうことは難しい。高
い学術水準の論文や著書を刊行した女性研究者について、その執筆の裏で、
彼女がケア（育児や介護）の責任と彼女のキャリア・仕事の間でどれだけの
ことをやりくりしなければならなかったかについては述べられていることは
ない。本書のもととなった講義シリーズでも複数の先生方（男女ともに）が
挙げられた論点でもあるが、「平等」と「公平・公正」について考えることは
たくさんある。本書は、その一端を考える機会となるものである。

　そして、なんといってもこの時期の刊行は、コロナ禍であることを抜きに
はできない。筆者が、大阪府北部地震の被災下で娘を出産したときのことを、
拙著『四川大地震から学ぶ—復興のなかのコミュニティと「中国式レジリエ
ンス」の構築』（九州大学出版会、2021年）の「あとがき」に書いた。地震も
コロナ禍も災害として共通する対応もあるが、長引くコロナ禍は世界の常識
を変革している。本書が数年後に読まれるとき、我々の生きる世界は、そし
て次世代の生きる世界はコロナ禍によりどのようになっているのだろうか。

　女性の生き方がますます多様化する時代に、本書で言及できたことには限
りがあるが、若い人たちがこれからの人生で直面するさまざまな選択のとき
に、こんな話もあったと励ましとなるとともに、参考になる学びがひとつで
もあることを願います。

　本書の原稿が一通り集まった2021年10月に、父の病気がわかった。まだ
現役で元気に働いていたが、そのあとは、急転直下の生活が始まった。検査
入院のたびに打ちのめされていく父に寄り添いながら、コロナ禍の病院では

なく、自宅を死に場所に選んだ父の在宅での看取りを経験することになった。筆者は、2012年に相馬直子氏と山下順子氏が名付けた「介護と育児のダブルケア」を自ら経験することになったのである。仕事と子育ての両立、あるいは仕事と介護の両立が問題とされてきたものが、さらに、子育て・介護・仕事の並立問題となって襲ってくる。各家庭だけでは立ち行かなくなり、現存の介護サービス、育児サービスはもとより、従来の子育て支援策・高齢者介護政策も見直しを迫られることになることであろう。超少子化と高齢化が同時進行する日本のような国では、ダブルケアは近い未来、大きな社会問題・政策課題になると考えられている。これまでも、アメリカでサンドイッチ世代と言われてきた、老いた親の面倒と子どもの面倒をみる中年世代の問題として認識されており、新しい問題とは言えないかもしれないが、2012年に、新しい造語「ダブルケア」が生まれた背景には、「女性の社会進出に伴って、結婚の時期が遅くなり出産の年齢が高くなった」「少子化により兄弟姉妹の少ない家族構成や親戚との疎遠などによって介護者が不足した」ことなどがある。2025年には団塊の世代が75歳以上になることもあり、団塊ジュニア世代のダブルケア問題が増加していくと考えられている。開講科目の学生グループ発表では、「介護教育」の学校教育への導入の必要性を訴えた発表をしてくれた学生たちがいて、その内容にも感動した。

　2016年4月に発表された内閣府男女共同参画局の「育児と介護のダブルケアの実態に関する調査」によれば、ダブルケアを行っている人は約25万人、内訳は女性が約17万人で男性が約8万人、ダブルケアを行っている人の多くは、40歳前後の男女であった。ダブルケアを行っている女性の半数は有業者で、そのうち仕事を主とする人が約半数を占める。ダブルケアを行っている男性の90%は仕事を主とする有業者、と報告されている。ダブルケアによって生じる問題・課題として、仕事の継続が難しい、金銭面での負担が大きい、ダブルケアに対する仕組みがない、負担が女性に偏る、精神面での負荷が大きいなどが指摘されている。超高齢社会の子育てを扱う本書では、ダブルケアに関する章も入れるべきであったとも思うが、若い読者を想定して、子育てを「孤育て」と躊躇させ、大変だと怖がらせ、ネガティブな面に注目するのが本書の意図ではない。人生の幸せのほうに光を当てたいというのが、本書のもととなった講義と本書の立ち位置である。

　最後になったが、本書の刊行もこれまでの拙書の刊行も、九州大学出版会
の奥野有希氏の際立った編集力をなしには実現していない。深く感謝申し上
げます。十数年前にまだ箱崎にあった出版会を訪れた時に、お腹の中の赤
ちゃんが冷えないように毛布で温めながら、編集作業をされていた姿を思い
出す。ご本人からは妊娠していることは伺っておらず、筆者に対しては気を
使わせないように配慮されてか、同じように仕事を進めておられた。出産・
子育てと、根を詰めて進めないといけない仕事を丁寧にこなしながら多くの
本も生み出してこられた女性編集者の奥野さんに本書をご担当いただけたこ
とも改めて有難く思います。

In loving memories of my father as a loving grandfather to my daughter.

大谷順子

2022 年 3 月

執筆者略歴

編著者

大谷順子（おおたに じゅんこ）…… まえがき・第 1 章・第 2 章・第 4 章・コラム 2〜6・あとがき
大阪大学大学院人間科学研究科教授・国際交流室室長。
ハーバード公衆衛生大学院 MPH（国際保健学）、MS（人口学）。ロンドン経済政治大学院・衛生熱帯医学校 PhD（Social Policy）。世界銀行、世界保健機関（WHO）、九州大学を経て、2008 年に大阪大学に着任。2014-2017 年東アジアセンター長（上海拠点）兼任。2013 年カンタベリー大学客員教授（ニュージーランド王立学士院）、2015 年メルボルン大学客員教授（オーストラリア科学院）。
主な著書：『事例研究の革新的方法―阪神大震災被災高齢者の五年と高齢化社会の未来像』九州大学出版会、2006 年・新装版 2015 年。*Older People in Natural Disasters*, Kyoto University Press, 2010.『国際保健政策からみた中国―政策実施の現場から』九州大学出版会、2007 年。『四川大地震から学ぶ―復興のなかのコミュニティと「中国式レジリエンス」の構築』九州大学出版会、2021 年。*Reconstructing Resilient Communities after the Wenchuan Earthquake: Disaster Recovery in China*, Lexington Roman Littlefield, 2023. *Handbook of Disaster Research in Japan*, MHM Limited & Amsterdam University Press, 2023.

執筆者（執筆順）

馬場幸子（ばば さちこ）………………………………………………… コラム 1
地方独立行政法人大阪府立病院機構大阪母子医療センター母子保健調査室室長、大阪大学医学研究科招へい准教授。
大阪大学医学博士。スウェーデン国カロリンスカ医学研究所 PD、大阪大学大学院医学系研究科医学科国際交流センター・副センター長を経て現職。

Nakano, Lynne Yukie ………………………………………………… 第 3 章・第 5 章
香港中文大学日本研究学部学部長・教授、大阪大学大学院人間科学研究科招へい教授。
エール大学 PhD（人類学）。
主な著書：*Community Volunteers in Japan: Everyday Stories of Social Change*, Routledge, 2004. *Making Our Own Destiny: Single Women, Opportunity, and Family in Shanghai, Hong Kong, and Tokyo*, University of Hawaii Press, 2022.

北村友人（きたむら ゆうと）………………………………………………… 第 6 章
東京大学大学院教育学研究科教授。
カリフォルニア大学ロサンゼルス校教育学大学院 PhD(教育学)、国連教育科学文化機関（UNESCO）教育担当官補、名古屋大学准教授、2007-2008 年ジョージ・ワシントン大学フルブライト研究員、上智大学准教授を経て、現職。
主な著書：『国際教育開発の研究射程―「持続可能な社会」のための比較教育学の最前線』東信堂、2015 年。*Memory in the Mekong: Regional Identity, Schools, and Politics in Southeast Asia*（co-editor）, Teachers College Press, 2022.

城戸瑞穂（きどみずほ）‥‥‥‥‥‥‥‥‥‥‥‥‥‥‥‥‥‥‥‥‥‥‥‥ 第 7 章

佐賀大学医学部医学科生体構造機能学講座組織神経解剖学教授。
九州大学大学院修了・歯学博士。九州大学大学院歯学研究科准教授を経て現職。2016-2017 年佐賀大学男女共同参画室室長兼任。2017-2019 年同大学ダイバーシティ推進室室長兼任。2020-2022 年同大学附属図書館副館長兼任。2007 年資生堂女性研究者サイエンスグラント受賞。2017（平成 29）年度厚生労働省女性医師キャリア支援モデル普及推進事業活動報告書。他、医学生物学論文多数。2019-2024 年文部科学省科学技術人材育成費補助事業「ダイバーシティ研究環境実現イニシアティブ」。2017 年 厚生労働省女性医師キャリア支援モデル普及推進事業バルーンプロジェクト。

瞿瑞瑩（Jui-Ying CHU）‥‥‥‥‥‥‥‥‥‥‥‥‥‥‥‥‥‥‥‥‥‥‥ 第 8 章

国立台湾大学公共衛生学部健康政策・管理研究所修士。馬偕紀念病院 漢方・産婦人科・小児科（台北市）医師。社團法人台灣中醫臨床醫學會常務監事。

鄭雅文（Yawen CHENG）‥‥‥‥‥‥‥‥‥‥‥‥‥‥‥‥‥‥‥‥‥‥ 第 8 章

国立台湾大学公共衛生学部健康政策・管理研究所所長、公共衛生学部長教授、大阪大学大学院人間科学研究科招へい教授。ハーバード公衆衛生大学院 ScD（疫学）。台湾公共衛生学会理事。2012 年ドイツ連邦共和国労働安全衛生研究所研究員。
主な著書：《致命粉塵：石綿疾病，工業發展史中的職業病風暴》台北：台灣職業安全健康連線、2017 年。《職災之後：補償的意義、困境與出路》高雄：巨流圖書公司、2019 年。

小川寿美子（おがわすみこ）‥‥‥‥‥‥‥‥‥‥‥‥‥‥‥‥‥‥‥‥ 第 9 章

名桜大学健康科学部教授。
大阪大学大学院医学研究科医科学修士課程修了（ウィルス学）、ベルギー国アントワープ熱帯医学研究所国際開発学修士課程修了（公衆衛生学）、大阪大学大学院人間科学研究科にて博士号（国際保健医療協力研究）。琉球大学医学部保健医療学講座助手、JICA/WHO プライマリ・ヘルスケア（PHC）専門家（ラオス国）等を経て現職。
主な著書：*Okinawa's Post-War Health Recovery and Development* 青山社、2009 年。『国際保健医療のキャリアナビ』南山堂、2016 年。『やんばる 世界を拓く』沖縄タイムス社、2022 年。

子育ても、キャリア育ても
──ウィズ／ポストコロナ時代の家族のかたち──

2023 年 5 月 6 日　初版発行

編著者　大　谷　順　子

発行者　清　水　和　裕

発行所　一般財団法人 九州大学出版会

〒819-0385　福岡市西区元岡 744
九州大学パブリック 4 号館 302 号室
電話　092-836-8256
URL　https://kup.or.jp
印刷・製本／城島印刷㈱